질문
하는
역사

질문하는 역사

서울대 주경철 교수의 역사 읽기

지은이 주경철
펴낸이 윤양미
펴낸곳 도서출판 산처럼

등 록 2002년 1월 10일 제1-2979호
주 소 서울시 종로구 사직로8길 34 경희궁의 아침 3단지 오피스텔 412호
전 화 02-725-7414
팩 스 02-725-7404
E-mail sanbooks@hanmail.net
홈페이지 www.sanbooks.com

제1판 제1쇄   2002년 4월 25일
제1판 제12쇄 2015년 8월 25일
제2판 제1쇄   2021년 6월 5일
제2판 제2쇄   2021년 11월 25일

값 16,000원

ISBN 979-11-91400-02-1 03900

＊잘못된 책은 바꾸어드립니다.

질문하는 역사

서울대 주경철 교수의
역사
읽기

산처럼

책을 다시 내면서

20년 전에 나왔던 책을 『질문하는 역사』라는 제목으로 다시 출판하게 되었다. 감회가 새롭다. 20년 전, '그나마 젊었던' 그 시절, 나는 끊임없이 변전하는 이 복잡한 세상에서 나는 누구인가, 우리는 이 세상에서 어떤 삶을 살아야 마땅한가 하는 문제로 고민했다. 우리 사회와 국가 전체가 한참 성장통을 심하게 앓고 있던 때인지라 나뿐 아니라 많은 사람들이 다 같은 문제들을 가슴에 품고 있었을 터이다. 수업 시간에 학생들과 역사와 문학 분야의 여러 텍스트들을 함께 읽으며 그런 문제들을 놓고 함께 고민하고 여러 시각에서 답을 타진해보고자 했다. 그런 토론 내용들을 내 나름대로 정리한 것이 이 책이었다.

지금 이 글들을 다시 읽어보니 어떤 것은 마음속 깊이 고민했던 흔적이 다시 살아나고, 그래서 지금 다시 보아도 신통한 결론을 이끌어낸다는 느낌이 들기도 하지만, 또 어떤 것은 이제 내 생각이 바

꿰어 당시의 나를 만나면 꽤나 치열하게 논쟁을 벌이지 않을까 하는 상상도 해본다. 그런가 하면 당시에는 진정 중요한 문제이기에 꽤나 진지하게 고민했으나 이제는 문제 자체가 해소되어 그만 싱겁게 되고 만 것도 있다. 시대도, 사람도, 책도 세월이 가고 나이를 먹으면서 바뀌게 마련이다. 새로 책을 출판하면서 가능하면 이전의 글들을 다 살리고 싶은 심정이었으나, 현재의 사정에 맞지 않아 보이는 몇 꼭지를 없애고, 일부는 약간의 수정을 가한 것도 그런 이유 때문이다.

그래도 여전히 남는 것은 우리의 삶과 사회에 대해 질문을 던진다는 사실 그 자체다. 학문이라는 것이 결국 묻고 또 묻는 지난한 과정일 터이다. 어떤 분야에서는 질문을 던지면 곧바로 속 시원한 답을 얻을지도 모르겠으나 인문학의 경우는 대개 누구나 만족하는 답을 얻기는 힘들다. 그래도 계속 질문을 던지는 이유는 질문의 과정 자체가 소중하기 때문이다. 묻고, 잠정적인 답을 찾고 다시 그다음 질문을 던지는 과정에서 우리의 사고가 넓어지고 깊어진다. 지금도 학생들에게는 주어진 문제에 답을 잘 찾는 게 중요하지 않고 스스로 문제를 잘 내는 것이 훨씬 중요한 일이라고 이야기하곤 한다. 이 책이 아직 어떤 쓰임새가 있다면 오래된 질문들을 한번 다시 끄집어내서 함께 생각해보자고 권하는 일일 것이다.

이 책이 끝없이 변해가는 이 세상에서 과연 나는 누구이며 우리는 어떤 삶을 살아야 마땅한가 하는 문제에 대해 함께 고민해보는 기회가 되면 좋겠다는 생각을 해본다.

2021년 4월

주경철

어느 날 올림포스 산정에 있는 신들의 궁전에서 제우스와 헤라는 흥미 있는 논쟁을 했다. 사랑을 할 때 남자가 더 행복한가, 여자가 더 행복한가?

남성 신 제우스는 사랑을 할 때 여자가 더 행복할 것이라고 주장한 반면, 여성 신 헤라는 남자가 더 행복할 것이라고 했다. 두 신이 아무리 오래 논쟁을 해도 끝내 결판이 나지 않자 제우스는 이런 제안을 했다. 지상에 남자로도 살아보고 여자로도 살아본 테이레시아스라는 인간이 있으니 그를 불러서 직접 이야기를 들어보자.

테이레시아스는 원래 평범한 남자였다. 어느 날 그는 산길을 가다가 굵은 뱀 두 마리가 서로 엉켜 있는 것을 보았는데, 무슨 마음에서였는지 들고 있는 막대기로 뱀들을 억지로 떼어놓았다. 그러자 뱀들은 신통력을 발휘해서 테이레시아스를 여자로 만들어버렸다. 몸과 마음 모두 완벽한 여자가 된 테이레시아스는 결혼도 하고 아이도 낳으며 7년을 살았다.

어느 날 다시 산길을 가던 테이레시아스는 또 뱀 두 마리가 엉켜 있는 것을 보았다. 이번에도 그(녀)는 막대기로 그 뱀들을 억지로 떼어놓았고, 그러자 이번에는 뱀들이 그를 다시 남자로 만들어버렸다. 테이레시아스는 인간 중에 유일하게 남자의 삶과 여자의 삶을 완벽하게 살아보게 된 것이다.

신들 앞에 불려온 테이레시아스에게 제우스가 물었다.

"그대는 남자로도 살아보고 여자로도 살아보았으니 알 것이다. 남자로서 사랑하는 것과 여자로서 사랑하는 것 가운데 어느 편이 더 행복했는가?"

이에 테이레시아스는 이렇게 대답했다고 한다.

"여자로서 사랑하는 것이 남자로서 사랑하는 것보다 아홉 배 더 행복했나이다."(그런데 그것이 사실일까. …)

논쟁에서 지게 된 헤라는 앙심을 품고 테이레시아스의 눈을 멀게 해버렸다. 자기 때문에 괜히 불려왔다가 그만 장님이 된 테이레시아스를 안쓰럽게 여긴 제우스는 그에게 예언의 능력을 주었다. 육신의 눈을 잃은 대신 마음의 눈을 열게 된 그는 이제 신들이 정해놓은 길을 보게 되었고, 그리스에서 가장 탁월한 예언자가 되었다.

이 신화는 여러 가지를 생각하게 한다. 남자는 아무리 여자를 이해하려고 해도 끝내 여자의 마음속 끝까지 알기가 힘들다. 마찬가지로 여자가 아무리 남자를 이해하려고 해도 남자의 마음을 모두 알 수는 없다. 그것은 신들도 미처 깨닫지 못한 사랑의 비밀이며 우리 삶의 비밀이다. 그것은 테이레시아스처럼 양쪽의 세계를 넘나들며 상대편의 생각과 삶을 직접 느껴보아야만 알 수 있는 일이다. 테이레시아스는 이렇게 남자의 세계와 여자의 세계 그리고 더 나아가서 신의 세계와 인간의 세계, 혹은 보이는 세계와 보이지 않는 세계 사이를 넘나들며 우리의 삶을 해석해주는 지혜의 존재다.

역사, 역사학 혹은 역사가 역시 이래야 하지 않을까? 인간의 내밀한 심층에 대해 살펴보고 사회에 대해 해석해주는 우리 정신의 무당 같은 존재…….

이 책에 실린 글들은 모두 인터넷에 처음 발표한 것들이다. 인터넷이라는 '멋진 신세계'에 글을 써본 내 생애의 첫 경험은 한편으로 유쾌하고 한편으로 불안했다. 하루나 이틀 정도의 짧은 시간 안에 글을 써서 바로 온 세상에 뿌리는 그 일은 내가 하고 싶은 이야기를 사람들에게 곧바로 전달할 수 있는 경쾌한 작업이었고, 또 수많은 사람들에게 내 생각이 전달되는 강력한 힘을 경험하는 계기이기도 했다. 그러나 동시에 바로 그 이유 때문에 오히려 위험하기도 했고 불안하기도 했다. 이 세상에 경박하고 표피적인 이야기만 범람하게 되는 데에 나 역시 한발 들여놓는 것은 아닐까?

그러나 이제 우리 사회가 인터넷이라는 마법의 세계를 불러들인 이상 그것을 도로 돌려보낸다는 것은 불가능해 보인다. 그러므로 이제 우리의 할 일은 이 마법의 힘을 어떻게 하면 유쾌하게 그리고 유용하게 사용할 수 있을지를 고민하는 일이 될 것이다. 그런 점에서 인터넷이라는 구천九天에 떠도는 이 글들을 다시 불러 모아서 조금은 침착한 모습으로 자리 잡게 만들 수 있는 기회를 가진 것은 참으로 다행스러운 일이다.

이 책에 실린 글들의 원 출처를 밝히면 제1부는 이슈투데이

(www.issuetoday.com)에, 제2부는 아트라이프샵(www.artlifeshop.com)에 올렸던 것들이다.

제1부의 글들은 우리 사회의 돌아가는 여러 정황에 대해 역사상의 일들에 비추어가며 내 생각을 이야기한 것이다. 지금 돌이켜볼 때 한 가지 눈에 띄는 것은 일본에 대한 비판적인 글의 비중이 너무 높다는 점이다. 이 글들을 쓸 당시에 일본 교과서 왜곡 파동이 워낙 심하게 요동쳤기 때문이다. 역시 우리의 사고는 시대의 무게를 벗어던지기 어렵다는 점을 다시 생각하게 된다.

제2부는 주로 문학 작품들을 읽고 해석하는 가운데 역사와 문학의 접점을 찾아보려 한 글들이다. 이 글들을 쓰게 된 계기를 찾아 거슬러 올라가보면 몇 학기 동안 서울대학교 교양과목인 「고전 읽기: 서양문화사」와 「역사의 이해」 같은 수업 중에 학생들과 함께 책을 읽고 토론한 것이라 할 수 있다. 지적이고도 세련된 감수성을 가진 많은 학생들과 함께 텍스트를 읽고 토론하는 것이 나로서는 한없는 즐거움이었지만, 선생으로서 내가 휘두른 가공할 정신적 폭력을 묵묵히 인종忍從해야 했던 어린 학생들에게 뒤늦게나마 미안한 마음을 느끼고 있다는 점을 고백하고 싶다.

변변치 않은 내용에다가 약간은 경박한 투의 글들을 감히 책으로 내놓는다는 것에 약간 주저하는 마음이 안 드는 것은 아니지만, 이왕 책으로 내놓는 마당에 바라는 바를 이야기한다면 이 책이 고등학교를 마치고 처음 사회나 대학에 발을 들여놓은 사람들에게 가닿았으면 한다. 우리의 삶과 사회에 대해 생각해보려 한 이 짧은 글들이 그이들에게 자기 생각과 느낌을 개발하는 데 작은 힌트를 주는 정도의 공헌을 한다면 그 이상 바라는 바가 없을 것이다. 설사

테이레시아스 같은 최고의 예언자가 하는 말이라 하더라도 그것은 사실 모호하고 공허하되 다만 사람들이 그것을 실제로 실천함으로써 예언이 진리가 된 것이 아닐까?

이 책을 내는 데에는 여러 사람의 도움을 받았다. 대학 시절의 친구인 김재준 교수와 이근 교수는 위에서 언급한 두 인터넷 사이트를 만든 뒤 나에게 부실한 글들을 쓰도록 부추긴 우를 범했다. 그것도 모자라서 도서출판 산처럼의 윤양미 씨는 이 글들을 책으로 출간하도록 사주하고 나서는 이 책이 출판되기까지 여러 면에서 큰 도움을 주었다. 서울대학교 서양사학과의 장문석 군과 권윤경 양, 독어독문과의 정진아 양 같은 수재 학생들이 아까운 시간을 버려가며 모순투성이의 이 글들을 읽고 그나마 이 정도의 모습이 되도록 다듬어주었다. 아직 신선한 감수성을 가지고 계신 이주미 씨, 망초꽃처럼 키가 쑥 커진 문학소녀 주은선 양은 이 책의 내용들이 아직 글로 만들어지기 전, 구술문화oral culture 수준에서 집 안에서 소통될 때 소중한 영감을 주었다. 이분들 모두에게 감사의 말을 전하고 싶다.

2002년 2월 25일

주경철

질문하는 역사 · 차례
서울대 주경철 교수의 역사 읽기

제2부 문학 속의 역사

제1부

역사의
발언

작고 행복한 나라의 역사

무한대의 자유 그리고 무한 책임

서양사 연구와 강의를 업業으로 삼은 지 7, 8년이 되었다. 그동안
별 생각 없이 영국, 독일, 프랑스, 미국과 같은 찬란한 나라들의 역
사를 가르쳐왔다. 그러다가 요즘 드디어 철이 들었는지, 내가 여태
해오던 것이 도대체 무슨 의미를 가지는지 다시 생각해보게 된다.

나는 왜 그런 강대국의 역사만을 열심히 가르쳤을까? 이 세상에
는 작고 소박하면서도 자기 나름대로 독특한 개성을 꽃피우며 살아
가는 나라들이 얼마든지 있지 않은가? 유럽만 하더라도 스위스, 덴
마크, 핀란드, 노르웨이처럼 국토나 인구가 그리 크지 않은 나라들
이 상당히 많이 있다. 이런 나라들에 여행을 가보면 대개의 사람들
이 편안하고 느긋하게 살고 있다는 느낌을 받는다. 경제 수준도 만
만치 않게 높은 데다가 문화적으로도 눈부시게 발전해 있음을 알
수 있다.(물론 이런 나라들이라고 아무런 문제가 없으랴마는 … .)

외국의 역사를 살펴봄으로써 우리에게 뭔가 도움이 되는 것을

배우고자 한다면 차라리 우리와 비슷한 소국小國 가운데 성공적으로 자신의 길을 찾은 사례들을 살펴보는 것도 의미 있지 않을까? 미국이나 소련처럼 세계의 패권을 놓고 일합一合을 겨루었던 나라들을 모델로 삼아 우리도 언젠가 한번 세계를 주물러 보자는 대국大國 콤플렉스 속에서 이를 악물고 살아갈 것이 아니라, 우리 나름의 개성있는 국가 스타일을 만들어보는 것은 어떨까?

이런 점에서 특히 주목하게 되는 나라가 네덜란드다. 어쩌다 보니 학위 논문 주제가 네덜란드와 관련이 있어 이 나라의 역사를 약간 들여다보지 않을 수 없었고, 또 암스테르담에 6개월 정도 살면서 자료를 찾아야 했던 인연도 있어서 이 나라에 대해서는 적어도 일반 관광객 이상의 관심을 가지게 되었다.

네덜란드라는 나라를 생각할 때 제일 먼저 떠오르는 것은 '무한대의 자유로움'이다. 누구나 자신이 하고 싶은 것을 마음 놓고 할 수 있고, 그것을 국가나 사회가 최대한 지켜준다는 것! 사실 그것이 말처럼 그렇게 쉬운 일은 아니다.

정치적인 문제든, 남녀 간의 일이든, 그 무엇이 되었든 당신 하고 싶은 대로 하라, 당신이 감당할 수 있고 당신이 책임질 수만 있다면…. 연애하고 싶나요? 미친 듯이 그림 그리고 싶은 생각이 드시나요? 급진 정치 활동을 하고 싶은가요? 주변에서 어느 누구도 뭐라 하지 않는다. 음습한 곳에서 숨어서 할 필요 없이 당당하게 하고 싶은 것을 하면 된다.

그런데 음식도 먹어본 사람이 맛을 알듯이 자유라는 것도 그런 경험을 해보아야 알 수 있는 법인가 보다. 과거 우리는 고속버스를 타고 가다 보면 중간에 헌병이 한 명 올라와서 "잠시 검문이 있겠슴다" 하고는 살벌한 눈초리로 째려보는데, 그러면 왠지 마음이 오그라들던 경험이 있지 않은가? 그런 식으로 알게 모르게 늘 압박감을 느끼며 살아서 그런지 네덜란드 같은 나라에서 그렇게 '앞서가는' 것이, 누가 뭐라고 하는 것도 아닌데, 나는 괜히 마음에 걸렸다.

암스테르담에 있을 때 가장 놀란 것 중의 하나는 중독성이 강하지 않은 마약 정도는 담배 가게에서 판다는 것이었다. 마약의 위험성을 몰라서 그런 것이 아니다.(실제로 많은 사람들이 환각 상태에서 기분 좋게 거닐다가 운하에 빠져 죽는다.)

그곳에서 만난 한 친구는 이렇게 이야기를 한다.

"누구나 자신의 행복을 추구할 자유가 있다. 너는 네 인생 중에 진정으로 행복을 느껴본 적이 몇 번이나 있는가? 나는 '이거'할 때마다 확실하게 행복감을 느낀다. 물론 거기에는 위험이 따르지만 그 위험은 전적으로 내가 진다."

나는 아직도 이 논리에 대해 어떻게 대답해야 할지 모르겠다. 성 문제 역시 너무나도 자연스럽게 개방되어 있다. 내가 알고 지내던 집에 중학교 다니는 딸이 있었는데, 어느 날 저녁에 남자 친구를 데리고 와서 자기 방으로 들어가 하룻밤을 같이 잤다. 자기 방으로 올라갈 때 딸과 남자 친구 그리고 부모 사이에 서로 "goede nacht(good night)!" 하고 인사하는 게 전부다.

동성애 문제만 해도 아마 이 나라가 가장 진보적인 태도를 가진 듯하다. 네덜란드는 현재 동성애자들이 법적으로 정식 부부가 될 수 있는 얼마 안 되는 국가들 중 하나다.(그래서인지 한국에서 심하게 스트레스를 받던 동성애자가 이 나라에 '망명'한 것을 보았다). 또한 네덜란드 의회는 세계 최초로 안락사를 법적으로 인정했다.

인간의 자유를 최대한 보장한다는 것은 일찍부터 이 나라의 전통이었다. 예컨대 종교 문제만 하더라도 그렇다. 근대 초에 다른 지역에서 종교가 다르다는 이유만으로 수많은 사람들이 고문당하고 죽음을 당하던 때에 이곳은 종교적 관용의 전통을 확립했다. 심지어 유럽 대부분의 지역에서 탄압받던 유대인들도 이곳에서는 안전하게 예배를 볼 수 있었다.

당시 네덜란드는 공식적으로는 칼뱅주의 국가였으나 다른 모든 종교에 대해 단 하나의 원칙만을 요구했다. 다른 종파에 대해 시비 걸거나 괜히 분란을 일으키지 말고 조용히 너희끼리 예배드린다면 당국도 묵인한다. 그러다 보니 네덜란드는 당시 진보적인 사상을 가진 지식인들의 피난처가 되었다. 이곳에 직접 와 있지 않더라도 자신의 사상이 핍박받을 위험이 있는 사람들은 네덜란드에서 책을 출판한 다음 밀수를 해서 전 유럽에 책을 보급했다.

일찍이 암스테르담에 머물면서 자신의 사고를 가다듬던 데카르트는 이곳 분위기에 대해 이렇게 말했다.

"세계의 다른 어느 곳에서 이런 자유를 누릴 수 있단 말인가?"

이곳 사람들이 아주 일찍부터 '돈과 자유'를 소중히 여겼다는 것은 익히 알려진 사실이다.(약간 다른 이야기이지만, 돈 버는 일 역시 전적인 자유가 보장되지 않으면 불가능한 일이다.)

그러나 이 나라의 역사는 자유라는 것이 거저 주어지지는 않는다는 점 역시 분명하게 말해준다. 레이덴대학과 관련된 일화를 보도록 하자.

때는 1574년. 당시 유럽의 정세를 보면 에스파냐와 독일-오스트리아를 비롯해서 유럽의 거의 절반에 해당하는 거대한 영토를 가진

1610년 레이덴대학의 도서관.

합스부르크제국이 최강국으로 자리 잡고 있었고, 네덜란드는 바로 이 합스부르크제국의 영토에 속해 있다가 독립 전쟁을 벌이고 있었다. 에스파냐에서 들어온 진압군은 네덜란드를 휘젓고 다니면서 소위 '피의 숙청'을 벌이고 다니다가 레이덴 시를 점령했다. 네덜란드 독립군의 지도자인 오라녜Oranje 공(영어식으로는 오렌지 공이라고 부른다)은 이 도시의 탈환을 위해 공격을 준비하고 있었다.

그런데 적군의 세력이 너무 강해서 다른 공격 방법이 없었으므로 오라녜 공은 마지막 수단으로 강 상류의 댐을 붕괴시켜 레이덴 시를 홍수 속에 밀어넣고 나서 배를 타고 공격해 들어간다는 전술을 취하기로 했다. 그러나 그렇게 되면 이 도시가 전부 파괴될 위험이 있었다. 오라녜 공은 홀란트 주의회를 소집하여 이 방식의 공격에 대한 허가를 받고 또 레이덴 시의 토지 소유주들을 불러서 그들에게 추후에 피해 보상을 약속했다.

이런 준비 끝에 드디어 공격이 시작되었고, 손에 창과 낫을 든 시민들이 칠흑 같은 어둠 속에서 에스파냐군을 공격하는 악전고투 끝에 레이덴 시를 탈환했다. 오라녜 공이 입성한 날 아침, 레이덴 시는 완전히 폐허가 되어 있었다. 그는 시민 대표에게 원하는 것을 한 가지 들어주겠다고 했다. 그들이 원하는 것이 무엇이었는가? 그들은 자기 시에 대학을 세워달라고 부탁했다. 이렇게 세워진 것이 네덜란드의 명문 대학인 레이덴대학이다.

레이덴대학과 관련된 또 하나의 에피소드. 나치 점령기에 독일군 당국은 레이덴대학에 유대계 교수가 한 명 있다는 것을 트집 잡고 그에게 아리아인을 찬양할 것을 요구했다. 물론 그 교수는 이를 거부하고 학교를 떠났다. 총장은 곧 교수와 학생총회를 소집하여 이 사태를 설명했다. 그러자 그곳에 모인 사람들은 모두 일어나서 「헷 빌헬뮈스Het Wilhelmus」(네덜란드 국가國歌)를 부르고는 학교를 떠났다. 총장은 그 자리에서 체포되어 강제수용소로 끌려갔고 레이덴대학은 나치가 물러날 때까지 폐교당했다.

자유는 거저 얻어지는 것이 아니라 지켜내야만 하는 것이다. 그리고 그것이 전통으로 만들어져야 한다. 우리들은 어느 만큼 진정으로 자유로운가? 그리고 어느 만큼이나 우리의 자유를 지킬 용기를 가지고 있는가?

독재 정치와 역사

권력은 늘 역사를 필요로 한다.

역사라는 것이 여러 기능을 가지고 있겠지만 현실에서 가장 중요한 기능 중의 하나는 권력의 정당화였다. 권력의 입장에서 볼 때 가장 긴요한 것은 사람들로 하여금 이 권력 집단이 정말로 권력을 가질 만한 자격이 있다고 인정하도록 만들어야 한다는 점이다. 그것을 하나의 이야기 혹은 신화의 형태로, 그것도 아주 그럴듯하게 꾸며주는 것이 역사의 공적이었다.

이때의 권력이라는 것이 반드시 정권만을 가리키는 것은 아니어서 교회, 노동계, 소수민족 등 그 어떤 집단도 다 해당된다. 그렇지만 실제로 역사를 자기 정당성의 근거로 가장 크게 이용한 집단은 역시 정권, 특히 독재 정권이라고 말할 수 있다.

어떻게 보면 권력의 정당성이 미약한 때일수록 오히려 더 "역사의 심판", "역사적인 업적" 운운하며 '역사'를 쉽게 거들먹거리는 것을 볼 수 있다. 실제로 우리는 군홧발로 사람들을 짓밟고 권력을 잡은 자들이 '정의'를 이야기하고 우리 민족의 유구함과 영광을 팔아먹는 것을 보지 않았는가? 그런 유사한 사례들을 몇 가지 살펴보는 것도 유익할 것으로 생각된다.

첫째는 일본 제국주의다. 오늘날에도 일본이 역사 교과서에 대해 그토록 완고하면서도 동시에 그토록 민감하게 반응하는 것은 일본 제국주의 정권 이래의 전통이 내려오기 때문이라고 흔히 이야기한다.

누구나 알고 있듯이 천황가天皇家는 신들의 자손이고, 이때까지 수많은 대군께서 떠나가신 만세일계萬世一系입니다. 중국이라든지 다른 나라에서는 가신이 주군을 죽이고, 그 이튿날 자신이 황제라고 선언하는 일이 있습니다. 황제가 물러나지 않으면 안 될 입장에 몰리기도 합니다. … 이런 예가 다른 나라의 역사에서는 눈에 띕니다. 그러나 우리나라에서는 개벽 이래 이런 일이 한번도 없습니다. 우리나라에서는 통치하는 자와 통치 받는 자의 지위가 바뀌는 일은 영원히 없습니다.

이것이 제국주의 시대 일본의 수신修身 교과서에 나오는 내용이다. 그러나 우선 이 내용 자체는 명백한 거짓말이다. 일본 역사에서 무력으로 황위를 찬탈했거나, 그러려고 했던 사례들이 분명히 존재하기 때문이다. 그러나 당시 천황 중심의 군국주의를 강화할 필요 때문에 천황의 신성성을 높이는 차원에서 이런 종류의 왜곡이 필요했던 것이다. 당시 일본 교과서는 메이지유신明治維新 시기에 천황

1949년 부다페스트에서 스
탈린의 플래카드를 세워두
고 있다.

이 권력을 잡게 된 것은 하나의 회귀 또는 복귀라는 점을 강조하고
"메이지 천황이 도쿄東京로 향할 때 연도에 나온 사람들이 기쁨의
눈물을 흘렸다"고 기술하지만, 메이지유신 직후 민란이 10여 차례
일어난 사실에 대해서는 전혀 언급하지 않는다.

스탈린 시대 소련은 어떠했는가? 제1차 세계대전 이전 러시아의
발전 상태에 관한 논쟁을 예로 들어보자. 사실 표면적으로 보면 이
것은 대단히 아카데믹한 논쟁의 면모를 보였다. 바나크라는 학자는
제1차 세계대전 이전 러시아는 서구 제국주의 경제에 종속되어 있
었다고 판단했고, 시도로프라는 학자는 반대로 러시아는 서구로부
터 독립적이었다는 면을 강조했다. 이게 권력과 무슨 상관이 있단

말인가 하고 생각할지 모르겠지만, 사실은 결정적으로 관련을 맺고 있다.

1927년 이후, 즉 스탈린이 권력을 잡은 이후 당국의 역사 해석의 관점에서 판단할 때, 만일 러시아가 서구에 종속되어 있다면 한 국가의 차원에서 사회주의를 건설하는 것(스탈린이 주장하는 일국 사회주의)이 불가능하다는 이야기가 되지 않는가? 이것은 스탈린의 최대 정적인 트로츠키의 논리와 통하게 되므로 바나크의 명제는 오류라고 여겨졌다. 그는 '부르주아적 위조자'의 굴레를 쓰고 강제수용소에서 죽음을 맞이했는데, 반대로 역사학의 승자 시도로프는 소련 과학아카데미 회원이 되었다.

그런데 바로 그 직후 정치적 여건이 바뀌었다. 1930년대에 나치즘의 위협에 직면한 나라들에 대해 소련이 보호자 역할을 담당하게 된 것이다. 그렇다면 외국의 제국주의 자본에 종속되어 있는 국가라 하더라도 소련과의 연대를 통해 파시즘을 물리치고 사회주의로 발전하는 길이 가능하다는 것을 보여주어야 하지 않는가? 그런 역사적 경험이 러시아 자체에서 일어났어야 하므로 이런 관점에서 제1차 세계대전 이전 러시아의 상황은 반식민지半植民地였다는 명제가 만들어졌다. 그 결과 숙청되었던 바나크는 사후死後에나마 복권되었다.

이 일이 여기에서 그친 것이 아니다. 1956년에 탈스탈린화가 진행되자 이제는 '실증적인' 연구자들이 등장하여 10월 혁명 이전 상황에 대해 '객관적인' 사실들을 많이 이야기하기 시작했다. 그 결과 제1차 세계대전 이전 러시아에서 대독점大獨占이 아주 중요한 위치를 차지하고 있었다는 방향으로 이야기가 나아갔다. 그런데 만일 이렇게 되면 러시아혁명이 이루어낸 성과가 반감되는 결과를 가져오고 만다. 실제로 이런 식으로까지 감히 말한 자들은 조만간 끝이 안 좋게 되고 말았다.

다음으로 나치의 역사 인식을 살펴보자. 주지하는 바와 같이 나치의 역사 인식은 인종주의에 근거한 철저한 자민족 중심주의였다.

> 그리스사 및 로마사도 중요하지만 그것은 아리아인이라는 민족 공동체의 문맥 속에 삽입될 때 비로소 그렇게 되는 것이다. 아리아인의 역사는 민족의 순수함을 지키기 위한 끊임없는 싸움이다. 그들의 민족적 순수성은 건전한 민족체 속에 들어오려는 열등 종족의 악의에 찬 음모에 의해 언제나 위험에 노출되어 있다.

이런 관점에서 중요한 역사 사건의 의미를 완전히 뒤집는 일이 곧잘 벌어진다. 루터의 종교개혁에 대한 해석이 대표적이다. 종교 개혁은 대단히 큰 사회정치적 의미를 포괄하는 중대한 사건이 분명하지만 그래도 역시 기본적으로 종교적인 문제라는 것은 너무나도 당연한 사실이다. 그런데 나치의 역사책에서는 그것이 이렇게 묘사된다.

> 종교개혁은 로마의 억압에 대항하여 일어난 최초의 혁명이다. 그 것은 본질적으로 국민적 규모의 정치 봉기이며, 신앙의 변혁에 의해 지금까지 없었던 새로운 인간 즉 독일 국민을 만들어내려고 한 것이다.
> 루터가 만들고자 했던 것은 독일 국가교회인데 그것은 로마 교황

으로부터 해방되지 않으면 불가능한 일이다.

독일의 역사는 이렇듯 나치 정권의 필요에 따라 과감하게 재해석되었다.

역사는 그런 점에서 보면 한가한 옛날이야기가 아니라 바로 오늘 우리에게 직결된 일이다. 지난날 일본의 교과서 개정을 놓고 아시아 각국과 일본 정부 사이에 험악한 싸움이 일어난 것이 단적인 예다. 일본 제국주의 침략 전쟁이 아시아의 해방을 위한 것이었다는 투의 저질 역사 인식은 일본의 팽창주의, 군국주의, 극우 보수주의의 위험을 말해주는 것이 아닌가?

우리 또한 문제가 없지 않다. 우리의 역사 인식은 어떤가? 단적으로 일본이 우리에게 가한 피해에 대해서는 크게 이야기하지만 우리가 다른 민족에게 씻기 힘든 피해를 가했던 일—한 예로 베트남 전쟁—에 대해서는 아예 언급도 없다. 그 문제를 크게 떠벌리고 싶지는 않다. 다만 그런 문제에서 얼마나 떳떳하게 이야기하는가 혹은 하지 못하는가에 따라 그 사회의 정신적 수준을 가늠할 수 있다고 할 수 있다.

"주먹 센 놈이 이긴다!"

군사혁명과 서구의 흥기

역사상 가장 전쟁이 많았던 시기는 언제였을까? 유럽에 관한 연구에 근거한 것이기는 하지만 아마도 17세기가 가장 유력한 후보일 것이다. 이 세기의 100년 동안 유럽 대륙 전체에서 전쟁이 일어나지 않고 완전한 평화를 이루던 시기는 고작 4년에 불과했다.

16세기와 18세기 역시 크게 다르지 않아서 완전한 평화의 시기는 각각 10년과 16년에 불과했다. 따라서 유럽사에서 근대 초기early modern period라 부르는 16~18세기는 다른 무엇보다도 전쟁으로 얼룩진 시대라고 부를 만하다. 이 기간 전체를 볼 때 '전쟁 기간/전체 기간'의 비율은 95퍼센트를 넘었고, 새로운 전쟁이 3년에 한 번 꼴로 일어났다.

각국 별로 보아도 오스트리아는 이 시대에 3년 중 2년, 에스파냐는 4년 중 3년, 폴란드와 러시아는 5년 중 4년이 전시戰時였다. 이쯤 되면 가히 전쟁이 인간 삶의 기본 배경이었다고 할 만도 하다.

6·25전쟁과 베트남전쟁을 경험한 사람들이 볼 때 20세기 후반이야 말로 가장 피비린내 나는 호전적인 시기라고 생각할지 모르겠으나 장기적인 관점에서 보면 20세기 후반은 그나마 상대적으로 평화 기간이 길었던 시대로 정리될 것이다.

근대 초기의 몇백 년 동안 전쟁이 잇따르는 과정에서 소위 '군사혁명'이 일어나게 되었다. 이 개념을 처음 사용한 사람은 마이클 로버츠였다. 그는 일찍이 1955년 북아일랜드 벨파스트에 있는 퀸즈 유니버시티에서 행한 강의에서 근대 초에 이르러 이전 시기에 비해 다음 네 가지의 핵심적인 변화가 일어났다고 이야기했다.

첫째, 창 대신 총이 사용되는 무기의 혁명이 일어났고, 둘째, 군대 규모가 엄청나게 커졌으며, 셋째, 대규모적이고 복합적인 전술을 사용하게 되었고, 넷째, 이와 같은 군대의 변화가 사회에 대해 막대한 영향을 미치게 되었다.

이 주장에 대해 당연히 몇 가지 비판이 있으나, 군사혁명의 개념은 여전히 유럽사만이 아니라 세계 근대사를 해석하는 데 흥미로운 실마리를 제공한다.

군사혁명의 주요 내용은 무엇보다도 공성전攻城戰에서 드러난다. 수비하는 측은 뾰족하게 돌출된 능보陵堡(성벽에서 불룩 튀어나온 부분) 때문에 전체적으로 별 모양을 한 기하학적 성채(이를 '이탈리아 성채trace italienne'라 한다)를 건설한다(30쪽 그림 참조). 이 뾰족한 부분에 대포를 놓고 적을 위압하려는 것이다. 공격하는 측 역시 대포를 동원하기도 하지만, 이들은 기본적으로 소총을 사용하는 군인들을 질서 정연하게 이동시키거나 한 번에 전진과 후퇴 혹은 여러 대형隊形을 이루면서 집중 발포하는 방식을 사용했다. 그리고 총을 빨

찰스 포트 성(아일랜드의 킨세일 지역). 1670년대에 지어진 이 성은 유럽의 변방 지역에 까지 '이탈리아 성채'가 도입되었다는 증거다. 그러나 이 성의 경우에는 전술을 완전히 이해하지 못하고 지은 것이다. 당시의 보고서에 의하면 이곳은 높은 구릉지 밑에 있어서 수비가 불완전한 단점을 가지고 있다.

리 장전하기 위해 그 동작을 규격화하고(31쪽 그림 참조) 그것이 몸에 완전히 익숙하도록 반복 훈련을 시켰다. 또 상대방의 포화에 당하지 않기 위해서는 대형을 재빨리 이동시키거나 분산시키고 다시 집중시키는 것이 무엇보다도 중요했다.

16세기에 네덜란드의 나사우 공, 또는 17세기에 스웨덴의 구스타브 아돌프가 엄격하고 체계적인 훈련을 통해 이런 군대를 완성시켰다고 한다. 군대에 들어간 젊은 총각들이 지겹도록 제식 훈련을 하고 좌향좌 우향우 하면서 '뺑뺑이'를 돌게 된 것도 이때부터다. 이런 군대를 가지고 서로 충돌하는 것이 근대 국가들의 정규전 양상이 되었다.

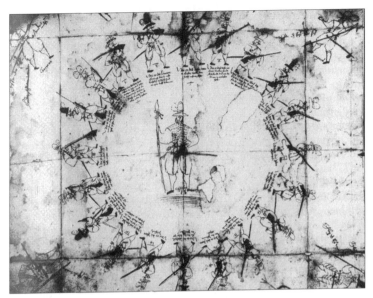

나사우의 얀의 『전쟁서(Kriegsbuch)』에 나오는 이 그림은 장전을 신속하게 하기 위해 동작을 규격화한 것을 보여준다.

전쟁에서 이기는 것이 근대 국가 군주들의 1차 관심사였으므로 군대 규모는 기하급수적으로 커졌다. 세계사에서 가장 가공할 군대라 일컬어지는 몽골군의 규모가 3만~4만 명의 기병대였던 데에 비해 신성로마제국 카를 5세의 제국 군대가 15만 명이었는데, 16세기 당시에 이 수치는 한 국가가 유지할 수 있는 최대치라고 여겨졌다. 그러나 다음 세기에 들어가면서 한 국가의 군대 규모는 더더욱 커져서 20만 명으로 그리고 다시 40만 명으로 확대되었고, 급기야 1701~1702년 중 프랑스에서는 65만 명이 (물론 이 수치를 문자 그대로 믿을 수는 없으며, 꽤나 부풀려져 있을 가능성이 크지만) 입대했다.

당연히 공공 지출 중 군사비가 차지하는 비중이 커졌다. 오늘날에는 프랑스 17퍼센트, 미국 29퍼센트, 이스라엘 41퍼센트 정도

가 알려진 예이지만 과거로 올라가면 이 비율이 훨씬 커져서 루이
14세 시대 프랑스는 75퍼센트, 표트르 대제의 러시아는 85퍼센트,
내전기內戰期였던 크롬웰 시대의 영국은 90퍼센트에 달했다. 그야
말로 '군대 문제'가 국가의 가장 중요한 사안이 된 것이다. 돈이 많
아야 승리하는 것은 당연한 일이 되었다.

　여기서 한 가지 짚고 넘어갈 점이 있다. 단기적으로 볼 때 군사
혁명을 거친 대규모 정규군이 반드시 승리를 거두는 것은 아니라는
점이다. 흔히 있는 일이지만 오伍와 열列을 맞추어 보무당당하게 적
진에 들어갔더니 적들은 '원숭이처럼' 나무 위에 숨어서 저격하고,
함정을 파서 빠뜨리기도 하고, 러시아 같은 경우에는 스키를 탄 군
인들이 날쌔게 돌아다니며 괴롭히는 일들이 벌어졌다. 정정당당하
게 맞대결하자고 호소해보아야 소용없는 일이다. 그런 것은 강한
침략군이나 할 소리이지 약자들은 당연히 게릴라전에 의존한다.(베
트남전쟁이 가장 대표적인 경우가 아니겠는가?)

　그러나 중요한 것은 '장기적으로' 보면 강대국으로 발돋움하고
더 나아가서 유럽을 넘어 전 세계의 패권을 차지하는 것은 군사혁
명과 함께 이루어졌다는 점이다. 여기서 군사혁명의 문제는 '유럽
의 흥기The Rise of the West'라는 고전적인 문제와 만나게 된다.

　세계 근대사에서 어떻게 유럽 문명이 전 세계의 여타 문명을 누
르고 최종적인 승자가 되었는가? 이야말로 역사학에서 가장 중요
한 문제가 아닐 수 없겠으나, 이에 대한 그 어떤 대답도 완전한 설
명이 되지 못한다.

　"유럽에서만이 자본주의가 발전했다. 유럽에서만이 근대적인 과
학기술 문명이 발전해 나왔다. 유럽에서만이 개인주의적인 심성 또

는 합리성이 발전했다. … "

　이런 여러 테제가 나왔지만, 막상 18세기 이전의 시대를 고찰해 보면, 유럽 이외의 문명에서도 얼마든지 그런 요소들을 찾을 수 있다는 것이 지적되었다.

　군사혁명이라는 설명 역시 이 물음에 완벽한 대답을 주는 것은 아니다. 그러나 아주 소박하면서도 상당히 중요한, 그리고 오늘날까지 여전히 많은 것을 설명해주는 부분적인 대답은 얻을 수 있다.

　"주먹 센 놈이 이긴다!"

　이것을 한 차원 더 끌어올리면 진정 세계사적인 설명도 가능하다. 군사혁명이 일어난 다른 예로는 전국시대戰國時代의 중국이 있다. 당시 마차와 활 중심의 군대가 대규모 창병과 보병을 주축으로 하는 군대로 변한 데다가 주요 국가의 군대 규모는 100만 명에 육박했다고 한다. 그리고 이 군사력을 통제하기 위해 국가가 관료제를 갖춘 전제 국가로 변했다. 말하자면 전국시대의 중국에서도 군사혁명의 기본적인 네 가지 요소가 모두 관찰되는 것이다. 그 최종적인 결과는 진秦나라에 의한 제국 건설이었다.

　근대 초 유럽의 군사혁명은 말하자면 역사상 두 번째 것으로서, 군사력의 강화는 유럽 내의 여러 근대 국가를 강화시켜나갔다. 다만 고대 중국의 경우와 다른 것은 유럽 대륙 전체가 하나의 제국 건설의 길로 나아간 것이 아니라 여러 강대국들이 비교적 골고루 강화된 것이다. 즉 여러 강대국들 간에 힘의 균형이 이루어져서 ―또 이렇게 엇비슷한 군사력을 가진 국가들이 경쟁하게 되었다는 사실 자체가 다시 군사력 강화의 중요한 요인이 되었다― 한 국가가 나머지 모든 국가를 복속시킬 수 없게 되자 그 힘이 바깥 세계로 작용했다는 점이다.

전 지구적인 차원에서 군사력의 균형이 유럽으로 기울어지자 유럽 세력은 안에서 키운 군사력을 이끌고 바깥으로 나가 해외 식민 제국을 건설하게 된 것이다. 즉 중국에서의 첫 번째 군사혁명은 '제국' 건설을 가져왔고, 유럽에서의 두 번째 군사혁명은 '제국주의'의 팽창을 가져왔다.

군사혁명을 이야기하는 학자들이 군사력 하나만으로 모든 것을 다 설명하려는 것은 물론 아니다. 그러나 가장 단순한 이 주장이 무시할 수 없는 설명력을 가지는 것은 사실이다. 오늘날 팍스 아메리카나Pax Americana(미국의 평화)의 기본 요소가 미군美軍이라는 점을 누가 부인하겠는가? 대학에 연구비와 교육비는 턱없이 모자라도 한 척에 1조 원이 드는 이지스함을 구입해야 하는 오늘날, 이 단순한 주장은 정말로 단순하게도 이 세상을 잘 설명하지 않은가?

지도자 동지의 배낭여행

여행은 사람을 크게 만든다. 넓은 세계를 직접 경험하면서 이 세상을 알게 되고 그런 가운데 자신의 내면도 성숙하는 기회를 갖게 되기 때문이다. 그러니 인민들의 아버지로서 만백성을 다스리게 될 군주들이야말로 여행을 많이 할 필요가 있다. 특히나 자기 민족과 국가의 후진성에 대해 고민하며 어떻게 하면 하루라도 빨리 근대화를 이룰까 노심초사하는 후진 국가의 군주 혹은 왕자일수록 발전된 이웃 국가를 돌아보고 싶은 마음이 클 수밖에 없다.

우리는 그러한 대표적인 사례로서 러시아의 표트르 대제를 들 수 있다. 역사상 그만큼 자기 조국의 발전에 대해 고민하고 또 그만큼 국가의 발전에 직접적으로 큰 영향을 미친 인물이 또 있을까? 한 인간을 가지고 역사의 발전을 설명하는 '영웅 사관' 같은 것이 이미 낡은 스타일이고 많은 역사가의 비판을 받는 것이 사실이지만 그렇다고 해서 인간의 중요성이 적은 것은 결코 아니다.

표트르는 1672년 5월 30일 크렘린궁에서 태어났다. 그의 아버지인 차르 알렉세이는 첫 번째 부인과 사별하고 재혼해서 표트르를 낳았다. 그런데 그가 네 살이 되었을 때 아버지는 심한 감기에 걸려 사망했다. 그의 배다른 형인 표도르가 차르가 되었으나 그는 겨우 6년을 통치하다 죽었다.

그리하여 이제 열 살이 된 표트르에게 황위가 돌아왔지만 3주 후에 그의 배다른 누이인 소피아가 황실 호위군(스트렐치)을 등에 업고 혁명을 일으켜 자기의 친동생 이반을 차르로 앉히고, 그녀 자신이 섭정이라는 이름으로 권력을 장악했다. 이 쿠데타 과정에서 자신을 지지하는 인물들이 눈앞에서 창에 찔려 죽는 모습을 본 표트르는 어머니, 누이동생과 함께 작은 시골 마을에 유폐되어버린 것이 차라리 마음 편하고 다행스러운 일이라고 여겼을 것이다.

그러나 이곳에서 표트르가 무위도식하며 지낸 것은 아니었다. 그는 두 사람의 네덜란드인을 가정교사로 두었는데, 이들과 함께 소형 보트를 만들어 강과 호수를 탐험하며 놀았다. 그가 평생 해군과 선박에 관심을 가지게 된 것도 이때부터라고 흔히 이야기한다. 그리고 어린 귀족 자제들과 병정놀이를 즐겼다고 하는데, 이것 역시 단순한 놀이에 그친 것이 아니어서 흥미롭게도 바로 이때 친하게 지낸 인물들이 나중에 그의 군대에서 핵심 간부가 되었다.

그런데 권력을 손에 쥔 그의 이복누이 소피아가 장래의 화근을 미리 없애려고 작심을 했는지 표트르를 살해하려고 했고, 이를 눈치 챈 표트르는 손을 써서 수도원으로 도망가버렸다. 그러고는 곧 전세를 역전시켜 역으로 쿠데타를 일으켜 권력을 잡고는 소피아를 평생 수녀원에 유폐시켰다. 그리고 결혼도 하고 —곧 이혼해버렸지

표트르 대제(1672~1725)는 러시아를 군사 강국으로 만들어서 유럽사에 진입하려고 시도했다. 이 그림에서는 표트르 대제의 군사적 측면이 강조되어 있다.

만— 정식으로 통치를 시작했다.

표트르는 차르가 되자마자 곧 서구 세계의 여행길에 올랐다. 이것이야말로 특이한 일이라 하지 않을 수 없다. 표트르가 서유럽 각국을 돌아다닌 중요한 이유로는 당시 러시아가 터키와의 전쟁에서 불리한 입장에 놓여 있었기 때문에 서구 각국의 지원을 얻으려고 했다는 점을 들 수 있다.

그러나 그런 여행치고 약간 이상한 면모를 보인 것은 표트르가 아주 친한 주변 인물을 대동하고 자신의 이름까지 바꿔가며(그는 표트르 미하일이라는 이름을 사용했다) 유럽의 각 지역을 몰래 돌아다닌 점이다.(물론 정말로 그의 신분을 못 알아보았을 리는 없고, 말하자면 서로 모르는 척하면서 비공식적 여행을 했다고 하는 게 타당한 설명일 것이다.) 그의 나이 스물여덟 살이 되던 해인 1698년에 러시아를 떠나 스웨덴령 발틱 지역, 프로이센을 비롯한 북독일 지역, 네덜란드, 영

표트르 대제는 귀국한 후 긴 수염을 강제로 자르는 조치를 취했다.

국, 오스트리아, 작센, 폴란드 등지를 돌아다녔다.

물론 그는 원래의 여행 목적대로 국가 원수로서 해당국 국왕들을 만나서 대對 터키 군사 동맹 문제를 논의했지만 이 점에서는 큰 성과가 없었다. 대신 서유럽 사회의 여러 측면을 골고루 참관할 기회를 얻었다. 예컨대 영국에서는 의회, 그리니치 천문대, 런던탑 등을 살펴보았다. 그러나 이 여행 중에 아마도 그에게 가장 의미 있는 곳은 네덜란드였을 것이다. 해군에 대한 관심이 컸던 표트르는 이곳에서 아예 조선소에 일꾼으로 들어가 직접 일을 하기도 했다. 발전된 서유럽을 직접 겪어보려는 열의가 어느 정도였는지 짐작이 가고도 남는다.

중간에 고국에서 군사 반란이 일어났다는 소식을 듣고 급히 러시아로 향하기까지 그가 배낭여행을 한 기간은 18개월에 이른다. 이 여행이 그의 통치에서 정말로 중요한 의미를 가지고 있었다고 짐작할 수 있는 것은 한두 가지 에피소드만 보아도 충분하다.

그는 우선 사람들의 긴 수염부터 강제로 자르게 했다. 우리나라에서 1895년 고종이 단발령斷髮令을 내렸을 당시 목숨을 걸고 저항한 유생들을 생각해보라. 수염이나 머리카락을 자른다는 것은 완전히 새로운 인간으로 변한다는 아주 큰 상징적 의미가 있는 일이다. 심지어 서유럽에서 가지고 들어온 치과 기구를 직접 실험해보고 싶었던 그는 궁정 사람들의 생니를 뽑아보기도 했다. 이 사람들은 근대화의 아픔을 '몸으로' 겪었다고나 할까?

무엇보다도 가장 중요한 변화는 페테르부르크라는 신도시의 건설이었다. 도저히 도시가 들어설 수 있을 것 같지 않은 네바강 하구의 뻘밭에다가 그는 토목공사를 벌였다. 그 자신이 살 집을 먼저 지은 다음 이곳에 거주하며 도시 건설을 지휘하였고, 곧 1천 명의 귀족과 500명의 상인에게 가족을 이끌고 신도시에 와서 살도록 강요했다. 그리고 왕궁과 조선소 등의 주요 시설들을 짓게 했다. 결국 신도시가 기적처럼 들어서게 되었다.

'표트르의 도시'라는 뜻의 페테르부르크Peterburg라는 이름은 사람들이 흔히 오해하듯이 독일식의 이름이 아니라 네덜란드식 이름이다. 그가 서구화의 모델로 삼은 것은 당시 서유럽의 전통적인 해상 강국인 네덜란드였기 때문이다. 러시아가 발전하기 위해서는 육지에 갇혀 있어서는 안 되고 해양으로 뻗어나가야 한다는 것이 그의 기본 생각이었다. 다만 터키가 아직 강하게 저항하는 흑해 방면으로 팽창하는 것이 힘들었기 때문에 그 대신으로 '서구를 향한 창'을 발틱해로 낸 것이었다.

러시아가 발틱해로 팽창하려고 할 때 당장 충돌했던 나라는 스웨덴이었다. 당시 전성기를 구가하던 스웨덴은 북유럽 최강의 군사

대국이었다. 러시아가 유럽사의 무대에 강대국으로 등장하기 위해서는 바로 스웨덴을 물리치지 않으면 안 되었는데, 그것은 18세기 초엽 양국이 치열하게 벌였던 대ㅅ북방 전쟁으로 나타났다. 이 전쟁에서 승리를 거두어 러시아는 20세기에 세계 최강국의 하나로 발전하는 긴 역사적 도정에서 첫걸음을 뗄 수 있었다.

이렇게 긴 역사적 맥락에서 보면 지도자 동지의 배낭여행은 생각보다 중요한 역사적 사건이 될 수도 있다.

복잡한 가정 내의 스토리와 얽혀 있는 정치적 격변, 청소년기의 방황 끝에 카리스마적인 지도자로의 변신, 국가 전체를 근대화시키려는 강렬한 욕구, 그러기 위해 이름까지 바꿔가며 수행하는 해외 배낭여행 …. 참으로 극적인 지도자의 모습이라 할 만하다.

돈키호테의 시대

신화와 좌절

시대를 초월하는 걸작이 있다. 17세기 초에 에스파냐의 문호 세르반테스가 쓴 『돈키호테』는 벌써 400년째 많은 사람들의 사랑을 받고 있다. 그러나 이 작품이 시대를 넘어 그토록 사랑받는 이유는 바로 자기 시대에 너무나도 투철한 작품이기 때문이다.

중년에 접어든 카스티야의 시골 귀족 돈키호테는 늙은 말 로시난테를 타고, 그의 충직한 종자從子 산초 판사와 함께 모험을 찾아 나선다. 그는 에스파냐 각지를 돌아다니면서 거인과 맞서 싸우고 구원久遠의 여인 둘시네아를 위해 다른 기사들과 일전을 벌이기도 한다(고 스스로 믿는다).

기사 소설을 너무 많이 읽어 머리가 약간 이상해진 사나이가 벌이는 이 모험담은 중세를 벗어나 근대로 접어드는 에스파냐의 사회 구석구석을 들쳐 보여주는 슬픈 코미디다. 그 사회는 아직 중세적 이념을 깊이 간직하면서도 차가운 근대적 현실의 흐름에 휩쓸려 들

오노레 도미에의 그림 「풍차를 공격하는 돈키호테」(1866).

어간 곳이고, 전 세계를 정화하고 보호한다는 웅대한 이상과 걸인 들이 넘쳐나는 빈한한 현실이 공존하는 곳이다.

이 사회를 이해하려면 스스로 미친 인간이 되어 이 세계를 하나 하나 겪어보는 수밖에 없다. 그러나 이 미쳐 돌아가는 세상을 단지 미치광이의 눈으로만 본다면 그 역시 반밖에 보지 못하는 것이다. 산초 판사가 그 옆에 바짝 붙어서 자기 주인이 하는 언행에 토를 달 고 말싸움을 하는 이유가 거기에 있다.

이 작품을 읽다 보면 주인공 돈키호테의 우행愚行만큼이나 흥미 로운 것이 부주인공 산초 판사의 입담이다. 그가 적시적소에 뱉어 내는 엄청난 수의 속담은 현실 세계의 이성을 대변한다. 그러므로 이 두 사람은 극단적으로 찢겨진 근대 세계를 탐사하는 데에 필요 한 이상주의와 이성을 모두 갖춘 환상의 커플이다.

이들을 배출해낸 당시 에스파냐는 어떤 곳이었는가? 한마디로 그곳은 극과 극을 오가는 세상이었다. 16세기 전반으로 거슬러 올라가면 합스부르크 황실은 독일-오스트리아와 에스파냐를 중심으로 하여 네덜란드 그리고 현재의 프랑스와 이탈리아의 일부 지역까지 합쳐 이미 거대한 영토를 소유하고 있었으며, 여기에 더해서 나머지 유럽 전 지역을 얻어 로마제국을 재건하려고 했다.

그러나 이 신성로마제국은 볼테르의 말대로 신성하지도 않고 로마와도 무관하며 제국도 아닌 그림자에 불과했다. 황제 카를 5세는 독일 쪽 영토와 에스파냐를 분리하여 아들에게 에스파냐 왕위를 물려주었으니 그가 곧 펠리페 2세다.

그러나 펠리페 2세는 즉위하자마자 곧 심각한 재정 문제에 몰려 결국 국가 파산을 선포할 수밖에 없었다. 이러한 수치는 곧 프랑스와의 생캉탱 전투(1557)에서 파리를 위협할 정도의 결정적인 승리를 거둠으로써 영광의 극단으로 반전되었다. 그러나 그것도 잠시뿐, 에스파냐 영토였던 네덜란드가 억압에 항거하여 반란을 일으킨 끝에 독립을 성취해나갔다.

그 아픈 기억을 이번에는 레판토 해전(1571)의 승리로 완전히 지울 수 있었다. 욱일승천하던 터키의 해상 세력을 격파한 에스파냐는 기독교권 전체를 수호하는 보루로서 찬양받았다. 그러나 이러한 영광도 오래가지 않았으니, '무적함대'라는 별명을 얻고 있던 에스파냐 해군은 영국을 정복하기 위해 공격에 나섰다가 거의 섬멸당하는 정도의 패배를 맛보았다. 그렇지만 다른 한편으로 포르투갈 왕실을 합병하게 되어 아메리카와 아시아에 거대한 식민지를 소유한 세계 최대의 제국이 되었다. 도대체 이 나라는 종잡을 수 없을 만큼 영광과 좌절을 번갈아 겪고 있었다.

세르반테스의 『돈키호테』(1605) 초판 표지.

정치만이 아니라 경제도 마찬가지였다. 아메리카의 식민지로부터 엄청난 양의 금은이 들어오고 있었지만 국내 산업이 워낙 부실하다 보니 이 '보물'은 국내에 들어오자마자 곧 수입 대금 지불을 위해서 외국으로 유출되었다. 에스파냐 자신이 다른 나라에 대해 아메리카 식민지 같은 역할을 했던 셈이다.

그러면서도 종교적 열정은 뜨거워서 모리스코(레콩키스타 이후 이슬람교에서 로마가톨릭교로 개종한 사람)들을 내쫓음으로써 그나마의 경제력을 스스로 내버렸다. 걸인들은 넘쳐나고 있었고 사방에 도둑들이 들끓었다. 그러나 민중들은 도둑보다 더 도둑인 국가기구에 대해서 워낙 반발이 심한 나머지 차라리 강도 집단들에게 호의를 품고 있었다. 국가기구는 그만큼 무능력했다. 지방에서나 해외 영토에서 촌각을 다투는 일들이 일어나고 있었지만, 국왕은 하루에 일할 만큼의 문서를 천칭 저울로 달아 그것만 읽은 뒤 처리하고 있었다.

기생적인 성격의 귀족들은 파티를 열어서 먹고 노는 일을 삶의 전부로 삼고 있었다. 그렇다고 이 사람들의 재정 상태가 좋으냐 하면 그건 아니었다. 대부분의 귀족들은 빚을 지고 있었지만, 그래도 계속해서 돈을 빌려 파티를 그치지 않았다. 그러니 은행가들이 수없이 파산해버리는 것이 당연한 일이었다. 사실 인플레이션이 어찌나 심한지 돈을 빌려서 써버리는 것이 더 합리적인 일인지도 모를 지경이었다.

하여튼 부자들은 계속 파티를 열며 과식하고 있었으나, 인구 대부분을 차지하는 일반 평민들은 굶주림에 시달리다가 페스트 같은 전염병이 돌면 파리처럼 죽어갔다. 그렇게 가난한데도 품격 있는 이 나라 사람들은 너도나도 하인을 두고 있어서 심지어는 직업 걸인이 하인을 두는 경우도 있었다고 한다. 게다가 가난한 사람들은 웬만하면 일을 하지 않으려고 했다. 신심 깊은 수많은 사람들이 교회에 기증을 너무 많이 했기 때문에 죽도록 일해서 보람 없는 결과를 얻는 것보다 교회에서 주는 보시를 타 먹는 것이 쉬웠기 때문이다.

이런 정신분열증적인 세계를 돌아다니는 돈키호테가 온전한 제정신을 가지고 여행을 할 수는 없었으리라. 중세적 기사도의 관념, 세계를 지배하려는 거대한 제국의 꿈, 지극한 기독교 신앙의 옹호, 이런 아름다운 외관 밑에는 뭔가 망해가는 분위기의 사회구조가 놓여 있었다. 스러져가는 황금의 세기, 차디찬 현실, 위기의 사회 … . 아름다운 꿈과 고통스러운 현실 사이를 위태롭게 헤쳐나가는 돈키호테의 우스꽝스러운 행각에서 어딘지 모르게 애잔한 느낌을 받게 되는 것은 당연한 일이다.

그로부터 약 400년 후(『돈키호테』 제1부는 1605년에, 제2부는 1615년에 출판되었다), 세르반테스가 묘사했던 에스파냐의 사회상이 왠지 낯설지 않게 느껴진다. 우리 사회 역시 곳곳에서 비슷한 허망함이 배어 나온다. 정치인들을 보면 통일을 눈앞에 둔 것처럼 큰 희망을 불러일으키다가도 돌아서면 곧 진흙 밭에 뒹구는 개처럼 싸워댈 뿐이다. 세련된 드라마에서는 세계 최고 수준의 부호들 같은 멋진 장면이 연출되지만 현실에서는 매서운 혹한에 폭설로 인해 연탄 배달도 안 되어 독거노인이 굶주린 채 냉골에 누워 있다. 세계 10위권의 경제 대국으로 올라섰다고 하는데, 한번의 위기가 닥치자 수많은 소상인들과 노동자, 알바생들이 생존의 위기에 몰린다. 자이로드롭처럼 한없이 올라갔다가 바닥이 안 보이는 나락으로 떨어지는 이 허망함은 어디에서부터 자라난 것일까? 도대체 우리 사회의 기준은 어디에 있는 것일까?

지금 우리 사회는 어쩌면 미친 세상이다. 우리는 모두 눈물의 골짜기를 지나는 슬픈 얼굴의 기사, 미쳐 돌아가는 이 사회가 언제 다시 침착한 평정을 되찾고 사람들은 고향집으로 돌아갈까?

국회의원들의 뇌를
반으로 잘라 서로 붙여라

서구 민주주의의 꽃이라 할 수 있는 의회제는 18세기 영국의 작품이다. 사실 15세기에만 해도 영국은 기껏해야 양을 키워 양모나 수출하는 별 볼일 없는 변방 국가였으나 16세기 이후 급속한 사회 경제적 발전을 이루어서 18세기에 이르면 장차 산업혁명과 "해가 지지 않는 제국"을 예고하는 유럽 내 일류 국가로 확고히 자리 잡게 되었다. 정치적으로도 이에 걸맞게 의회가 국왕의 절대 권력을 통제하는, 실로 개명된 정치제도를 만들어가고 있었다.

영국에서 의회 제도가 발전하게 된 데에는 하노버 왕조 시대의 독특한 사정도 작용했다. 앤 여왕의 사후 왕위는 독일의 하노버 선제후국의 선제후에게 돌아갔는데, 조지 1세라는 이름으로 영국 왕이 된 이 인물은 54세의 독일인으로서 영국 국내 정치에는 관심도 없는 데다가 무엇보다도 영어를 한마디도 못 했다. 그의 아들인 조지 2세 역시 크게 다르지 않아서 영어를 어느 정도 말하기는 하지만

영국의 부패한 투표제도를 그린 것으로 투표 장소로 가기 전에 뇌물로 공짜 진을 마시는 모습이다. 당시에는 공개투표 제도였기 때문에 뇌물은 더욱 효과적이었다. 영국에서 비밀 투표제가 확립된 것은 1872년에 가서의 일이다. 영국의 판화가 윌리엄 호가스의 에칭화.

여전히 서툰 데다가 그 역시 영국보다는 자기 출신지인 하노버 문제에 대해서만 관심을 두고 있어서 이에 대한 비판이 거셌다.(영어로 치자면 다시 그의 아들인 조지 3세에 이르러서야 시원스럽게 이야기를 했으니, 영국 국왕이 영어를 배우는데 3대가 걸린 셈이다).

이처럼 국왕이 정치에 대해 무심하고 능력도 없으므로 이 시기의 정치는 의회를 중심으로 전개될 수밖에 없었다. 그 이전 시기부터 형성되어 있던 토리와 휘그라는 두 개의 파벌은 서서히 '정당'으로 발전해갔고, 따라서 본격적인 정당 정치가 이루어지게 되었다. 이제 내각은 다수당에서 조각하고 그 내각이 의회에 책임을 지는 전통이 확고하게 성립되었다. 그리고 내각의 대표 한 명이 국왕에게 자신들의 결정을 보고하는 역할을 맡았는데, 이것이 나중에 총

승리한 당선자가 행진하다가 반대편 운동원과 충돌하여 폭력 사태가 벌어진 장면이다.
영국의 판화가 윌리엄 호가스의 에칭화.

리로 발전했다.

이 제도를 볼테르와 몽테스키외가 보고 감탄했다지만, 이 시대의 의회제는 많은 문제를 안고 있었다. 우선 일부 상층계급에게만 정치 참여가 허용되었을 뿐 아니라, 선거구도 100년 전인 엘리자베스 1세 시절을 근거로 했기 때문에 인구가 많으면서도 대표가 없는 곳이 있는가 하면 인구가 거의 없으면서도 대표를 뽑는 곳도 많았다. 물론 표를 매수하는 부정도 많이 저질러졌다.

이 시기의 대표적인 정치 지도자는 두 차례나 내각을 이끈 제1대 오포드 백작 로버트 월폴이었다. 그는 능력 있는 정치인이고 개인적으로는 청렴했으나, 당시의 부패한 정치를 그대로 끌고 감으로써 조직적인 부패를 더욱 부추기게 되었다. 그의 정치 모토는 "고요를 깨지 말라"였다. 경제적으로 번영을 누리고 유럽 국제 정치에서 영국의 지위가 불리할 것이 없는 한 그 상황을 그대로 지켜가려고 한 것이다.

그러나 그 고요의 밑에서는 그야말로 총체적인 부패의 늪이 부글부글 끓고 있었다. 귀족은 포르토에 그리고 하층민은 진gin에 취해 있는 것이 당시 사회의 모습이었다. 종교는 아무런 의미를 주지 못해서 당시 "국교회는 영혼 없는 해골에 불과했다." 이전 세기에 그토록 굳건했던 민족의식도 희미해져서 당시의 떠도는 말에 의하면 "영국은 더 이상 민족도 아니었다."

대략 이 시기에 출판되어 나온 조너선 스위프트의 『걸리버 여행기』(1726)는 어찌된 일인지 오늘날에는 어린아이들이 보는 동화책 정도로 알려져 있지만, 실상 이 시기의 정치와 사회에 대해 예리하기 그지없는 풍자를 시도한 책이다.

예컨대 '소인국'은 영국의 자잘한 정치판을 비난하는 내용으로 가득하다. 이 나라에서는 국왕의 신임을 얻고 고위 공직에 오르려면 줄 위에서 춤을 추는 묘기 경쟁에서 승리해야 한다. 가장 오랫동안 떨어지지 않고 줄 위에서 춤을 잘 추는 사람이 자리를 얻게 된다.

그런데 이 나라에서는 언제부터인가 두 개의 당파가 서로 싸우게 되었다. 그 유래는 구두의 높은 굽과 낮은 굽 사이의 갈등 때문이다. 현재 국왕은 오직 낮은 굽을 신은 사람만을 등용하며, 국왕 자신도 다른 사람들보다 훨씬 낮은 굽만을 고집한다. 문제는 다음 왕위를 이어받을 왕자가 높은 굽을 따르는 듯하다는 점인데, 이것이 아주 첨예한 정치 문제가 되고 있다. 왕자의 신발 가운데 한쪽의 굽이 다른 쪽 굽보다 조금 높아서 길을 걸을 때마다 왕자가 약간

『걸리버 여행기』 중 소인국 장면으로, 1803년 영국 캐리커처 화가 제임스 길레이가 그린 브롭딩낵 왕과 걸리버. 18세기 영국의 자잘한 정치판에 대한 통렬한 풍자다.

씩 절름거리고 있다는 것을 정치 평론가들은 놓치지 않고 주시하고 있다.

또 국내적으로 심각한 정치적 갈등을 야기하고 심지어 주변국들과의 전쟁까지 불러일으킨 문제가 있는데, 그 기원은 놀랍게도 계

란을 깨는 법에 있었다. 계란을 깨는 가장 오래된 방법은 넓고 둥근
방향의 끝부분을 깨는 것이었다.

그런데 현왕現王의 할아버지가 소년일 때 그런 방식으로 계란을
깨다가 손가락을 베는 사건이 일어나는 바람에, 그 이후 계란을 깰
때는 오직 좁은 방향의 끝부분만을 깨라고 명령을 내렸고 또 이것
을 어기는 경우에는 엄벌에 처하게 되었다. 그러나 이로 인해 여섯
차례의 반란이 일어났고 1만 명이 넘는 사람들이 좁은 방향의 끝부
분으로 계란을 깨느니 차라리 죽음을 택했다. 아직도 넓은 방향의
끝부분을 깨는 것을 옹호하는 사람들이 있으나 이들에게는 출판의
자유가 제약되어 있다. 그렇지만 『성경』에는 사람들에게 편리한 방
향으로 계란을 깨라고 되어 있을 뿐이다.

정치 풍자에 대한 백미는 이 책의 제3부인 「하늘을 나는 섬의 나
라」다. 이 나라에서도 두 당파의 사람들이 지나치게 싸우고 있었고
학술원의 정치학자들은 이를 해결하기 위해서 다음과 같은 안을 내
놓았다.

두 정당의 의원 100명을 골라내서 기술 좋은 외과 의사가 이들의
뇌를 톱으로 반씩 자른 다음 반대편 정당의 사람들 뇌에 붙인다. 그
러면 그들의 두개골 안에서 한참 싸움이 벌어질 테지만 얼마 안 가
서 서로를 이해하게 되리라는 것이다. 그러면 이제 정치가들의 뇌
에서 국민들이 그토록 바라는 중용과 조화가 나올 수 있을 것이다.

또 한 가지 묘안으로서 의원 선출을 차라리 제비뽑기로 하되 대
신 그들이 투표할 때에 무조건 왕실을 위해 투표하도록 서약을 받
는 방식도 제시되었다. 그래도 말썽을 부릴 의원이 있을 것 같으면
정치 감사실에서 그들의 대변을 잘 조사해보면 알 수 있다. 왜냐하

면 사람이 변기에 앉을 때면 언제나 진지하고 생각이 깊어지기 때문이다.(이건 내 생각인데, 대변이 너무 굳어 있는 의원은 강경파이고 붉은 색조가 도는 대변을 보는 의원은 좌파 성향의 친북 인사임에 틀림없다.)

의회 민주주의의 최선진국이라는 영국에서도 의원들이 이런 정도의 조롱을 받은 것을 보면 우리나라의 국회의원들만 예외적으로 썩은 존재인 것은 아닌 모양이다. 무능하고 부패한 국회의원 집단, 국민은 안중에 없고 오직 자신들의 당리당략에만 몰두하는 패거리들, 이런 저질 정치가들 없는 세상에서 한 번 살아보고 싶다.

"세상이여 망해라,
새 세상이 오도록"

위기 시대의 종교

역사상 수많은 위기가 거론되지만 많은 역사가들은 아마도 유럽의 중세 말(대략 14~15세기)이 가장 격심한 위기의 시대였을 것이라고 말한다. 위기의 세 박자는 전쟁, 기근, 질병이었다.

역사상 가장 유명한 전염병인 페스트를 보자. 그야말로 어느 날 갑자기 들이닥친 이 질병으로 유럽 인구의 3분의 1이 죽었다고 한다. 우리나라 인구 5천만 명을 가지고 환산하면 몇 년 새에 1500만 명이 전염병으로 죽은 셈이다! 백년전쟁은 물론 100년 내내 계속 싸운 것은 아니라고 하더라도 생활을 피폐하게 만들기에 충분했다. 그리고 이런 것들의 원인이자 결과로서 심각한 흉작과 기근이 연이어 발생했다.

이런 상황에서 민중들이 동요하지 않을 수 없었으리라. 그런데 이들을 위로하고 인도한다고 하는 교회는 어떤가? 교회가 사람들을 구원하기는커녕 교회야말로 이 세상에서 가장 부패하고 무능력

하고 죄 많은 곳이었다 해도 과언이 아니다. 정치 놀음에 휩쓸리는가 하면 돈맛을 알게 된 교회는 자기들끼리 싸우다가 갈라서고 말았다. 가톨릭 교리에서 도대체 교황이 어떤 존재인가? 베드로의 계승자로서 이 세상에서 하느님의 뜻을 펼치고 만민을 인도하는 최고의 존재 아닌가? 그런데 두 명의 교황이 들어서서 서로 상대방을 악마로 선언하고 서로 파문했다.

보다 못해 각 지역의 뜻 있는 원로들이 모여 이 난국을 수습하자며 공의회를 열어 두 교황을 모두 은퇴시키고 제3의 인물을 새 교황으로 모시려고 했으나, 오히려 사태가 악화되어 이번에는 세 명의 교황이 들어서고 말았다. 교황청이라는 꼭대기만 썩은 것이 아니어서, 시골 교회로 가면 라틴어로 미사를 하지 못하는 무능한 신부, 독신을 안 지키는 정도를 넘어서 첩까지 두는 신부, 교회 직을 돈 주고 매매하는 신부들이 부지기수였다.

일반 민중은 비록 무식하고 그래서 자기 생각을 조리 있게 표현하지는 못 했지만 그래도 이 세상이 지금 어떻게 돌아가고 있는지 감각적으로 알고 있었다. 그들은 배운 사람들의 고상한 표현은 따라 하지 못하더라도 소박하고 거칠게나마 자신들의 생각을 이야기할 수 있었으니, 그들이 아는 유일한 '문법'인 종교의 언어를 빌려 "지금 벌어지고 있는 일들은 하느님의 뜻에 맞지 않는다", 혹은 "옛법에 어긋난다"고 말하곤 했다.

때로 그들이 훨씬 더 과격한 주장을 펼치는 때가 있었다. 이때에는 필경 이들에게 불을 지른 '사상가들'이 있게 마련이다. 이 사람들은 대부분 종교적으로 편향되었다고 할까, 뭔가 '삐딱한' 자세를 가지고 있었으며, 흔히는 기존 교회로부터 떨려나온 사람들이었다.

그 중요한 흐름들로서 신비주의 운동이나 말세론, 천년왕국운동 등을 들 수 있다. 사실 이런 종교적 흐름은 고대 종교로부터 면면히 이어져온 것이고, 그 자체로서는 반드시 이상한 방향으로 나간다고 말할 수는 없다.

그러나 여기에 여러 신앙의 요소들이 섞인 채 지하에 잠복해 있다가 사회적 위기 요인들과 겹쳐지면서 폭발해 나올 수가 있다. 특히 뿌리 뽑힌 빈민층과 결합했을 때 극단적이고 폭력적인, 때로는 혁명적인 운동으로 폭발하기도 한다. 가난한 사람들은 자신들의 물질적 조건을 개선하고자 하는 욕구를 종교적인 환상 속에 혼합시키고, 그럼으로써 순결하게 재생될 새로운 세계를 갈망했다. 이런 가운데 그들은 스스로가 새 세상을 만들 수 있는 예언자, 혹은 하느님의 전사戰士라고 믿고, 때로는 자기 생각을 폭력적으로 실천하고자 했다. 천년왕국운동이 대표적인 사례라 할 수 있다.

'천년왕국운동millenarianism'은 종말론의 한 변형으로서, 그 주된 내용은 그리스도가 재림하여 지상에 메시아 왕국을 건설하고 천년 동안 통치를 하며 그 후에 마지막 심판이 일어난다는 것이다. 이 재림 왕국이 건설되기 직전이 바로 말세로서, 이때에는 적그리스도 anti-christ가 출현하여 세상을 혹세무민惑世誣民하고 선민選民들을 괴롭힌다. 중세 말의 시대에 많은 사람들은 '바로 오늘 이 시기'야말로 말세요, 적그리스도가 세상을 어지럽히는 시기라고 믿었다. 천년왕국운동에는 여러 가지 흐름이 있으나 여기에서는 자유심령파형제단Free Spirits Brethren을 예로 들어보자.

이것은 신플라톤주의적인 형이상학에 영향을 받은 것으로 보이는데, 이들의 생각을 살펴보면 다음과 같은 단계들로 정리된다.

알브레히트 뒤러의 「진노의 큰 날」 그림의 내용은 『요한계시록』 제6장 제12절에서 제17절에 따른 것이다. "진노의 큰 날이 이르렀으니 누가 능히 서리오.."

1. 모든 피조물은 신성神性을 띠며 그 시원始原(신)을 향하고 있다.

2. 시간의 종말이 되면 신성이 넘쳐나고 사물은 다시 신에게로 흡수된다.

3. 내 안에 신이 들어선다. 그 신성을 인식하기만 하면 곧 영적 존재가 되며 바로 천국 시민이다. 반대로 지옥이란 이런 인식을 하지 못한 상태를 뜻할 뿐이다.

4. 이렇게 영적 수준이 높은 (즉 먼저 인식한) '도사'들이 있고 영적 수준이 낮은 무리들이 있다. 이 도사들은 예수, 마리아, 성인들보다도 높은 존재들이며 이 세상에서 하는 일 모두가 완벽하다.

5. 신을 섬기기 위해서는 스스로 신이 되어야 하는데 벌써 이 단계에 이른 자들은 "이제 더 이상 하느님이 필요 없다."

6. 더 나아가서 이들은 점차 허무주의적 과대망상으로 치닫게 되고 또 철저한 반도덕주의자가 된다. 왜냐하면 양심의 가책이란 '무지'의 상태에 있는 것, 지옥에 있는 자들의 일일 뿐이며, 죄란 죄라고 생각할 때에만 죄이기 때문이다. 즉 그들은 도덕을 초월해 있다.

7. 이것이 진화하면 야릇한 에로티시즘으로 발전한다. 소위 아담 숭배라는 이름으로 집단 난교를 하기도 하는데, 이것은 타락 이전의 순결 무죄의 상태로 되돌아가는 의식이며, 이들과 성교를 하면 오히려 이전에 잃었던 처녀성을 회복하게 된다. 대부분의 신도들은 이제 이들에게 무조건의 복종 서원을 하게 되고, 그 반대급부로 그들은 결코 죄를 범할 수 없다는 확신을 가지게 된다.

8. 이쯤에서 놀라운 일이 벌어지는데, 이들이 혁명적 사상으로 경도되는 것이다. 이들의 무한한 우월감의 한 갈래가 사유재산의 부정으로 이어진다. 즉 진실로 자유로운 자는 만물의 주인이며 따

라서 무엇이나 사용할 권리를 가진다는 것이다. 말은 그렇게 멋있게 하지만 실제 내용은 마구잡이 강탈 행위이며 구체적으로는 집단적인 떼강도가 된다.

원래 청빈淸貧의 교리라는 것도 교회나 권력에 의해 통제될 때에는 아주 보수적인 성격이기 쉽지만(마지막 심판을 두려워하며 모두 가난한 마음으로 살도록 하라. 부자는 가난한 사람을 돕고 가난한 사람들은 만족하면서 살라), 일반 민중들은 이것을 아주 혁명적으로 받아들일 수가 있다. 또 마지막 심판이라는 것도 가난한 사람들에 대한 위로가 될 수도 있으나 민중들은 지극히 선동적인, 폭발력 있는 혁명의 예언으로 바꾸어 받아들였다. 말세가 가까워오고 이 임박한 사건에 대해 대비해야 하며, 더 나아가서는 말세를 앞당기기 위해 칼을 휘둘러야 한다. 이 세상이 무너져야 새 세상이 온다면 우리가 지금 이 세상을 부숴버리면 될 것 아닌가?

워낙 폭넓은 내용을 담고 있는 복합적인 종교 현상을 이렇듯 단순하게 말해버리면 오해하기 쉬울 것이다. 그러나 분명히 말할 수 있는 것은 종교는 저세상의 일이 아니라 바로 이 세상의 일이기도 하다는 것이다. 중세 말의 유럽이라는 저 먼 시대가 문제가 아니다. 이 어지러운 위기의 우리 사회에서 종교가 심상치 않은 것이다. 위는 썩었고 아래에서는 부글부글 끓는다. 종교가 세상을 더 힘들게 하는 것은 아닌가? 썩은 세상을 더 썩게 만들고 있지는 않은가? 그래 놓고는 이 세상을 구제하겠다고 어디선가 칼을 갈고 있는 것은 아닌가? 종교의 이름으로 세상을 어지럽히는 무리들만 없어도 이 세상이 약간은 더 살기 좋아지지 않을까 하는 생각을 갈수록 자주 하게 된다.

지구의 젖꼭지로 가는 모험

발견과 정복의 심성사

여기 유명한 그림 하나가 있다. 얀 반 데어 스트라트Jan van der Straet의 원화를 가지고 테오도르 갈레Theodor Galle가 다시 판화로 제작한 「아메리카」는 이탈리아의 탐험가 아메리고 베스푸치가 아메리카 대륙에 처음 발을 내딛는 순간을 상상하여 그린 것이다.

이 그림은 구석구석 아주 많은 상징들을 담고 있다. 그림 전면에는 아메리고 베스푸치와 거의 전라全裸의 여인(아메리카 대륙을 상징한다)이 만나는 장면이 연출되어 있다. 아메리고 베스푸치는 오른손에 십자가가 그려진 깃발을 들고 있으며 왼손에는 천측의를 들고 있다. 그는 빈손으로 온 것이 아니고 기독교와 과학을 가득 안고 온 것이다.

게다가 그의 외투 밑으로는 은근히 칼이 내비치고 있다. 언제든 빼어서 휘두를 채비가 되어 있는 이 칼(무력) 없이는 신대륙의 탐험과 정복은 애초에 불가능한 일이다. 이에 비해 '아메리카 여인'은

테오도르 갈레의 판화 「아메리카」

아무것도 가진 것 없이 느긋하게 해먹에 누워 낮잠을 즐기다가 낯선 남자의 느닷없는 방문에 깜짝 놀라 일어나는 중이다. 그녀는 모자와 발찌 같은 약간의 장신구만 제외하면 실오라기 하나도 걸치지 않은 채 오직 탐스러운 몸매만 가지고 이 평화의 낙원에서 지내왔다.

이 두 주인공을 둘러싼 주변 요소들도 한 번 눈여겨볼 만하다. 화면 왼쪽의 바다에는 금방 도착한 듯 아직도 돛에 하나 가득 바람을 받고 있는 유럽 선박이 위풍당당하게 정박해 있다. 이와 달리 육지에는 유럽인들에게는 낯선 여러 동물과 식물들이 가득하다. 더욱 놀라운 것은 여인 가까이의 위쪽에 식인종들이 사람 고기를 구워먹고 있는 장면이다. 사람을 토막 내서 불에 굽고 있으며 한쪽에는 사람의 다리가 꼬챙이에 꿰어 있다.

이 그림은 따라서 유럽과 아메리카의 만남을 극단적인 두 요소

의 대립으로 나타내고 있다. 문명 대 자연, 종교와 과학의 발달 대
야만 그리고 다시 이런 것들은 남성 대 여성의 대조로 상징된다.

새로 발견한 아메리카 대륙을 여성화하여 파악한다는 것은 무슨
의미일까?

사모라Zamora의 섬세한 연구에 의하면, 아메리카 대륙을 '발견'
한 콜럼버스의 여러 기록물에서 이미 근대 초 유럽인들이 처음 접
하게 되는 낯선 대륙에 대해 어떤 심성을 가지고 있었는지를 알 수
있다. 유명한 콜럼버스의 『항해일지』나 국왕에게 보낸 서한 등을 보
면 콜럼버스는 근대를 개척한 인물다운 진취적 심성과 고리타분한
중세적 사고의 복잡한 잡탕 속에 살아간 인물이었다. 따라서 그를
비롯한 당시 항해자들, 탐험가들의 사고에서 '발견'이라는 것은 여
러 층위의 의미가 겹쳐 있었다.

콜럼버스가 신대륙을 찾아나선 것은 무엇보다도 종교적 의미를
가지고 있었는데, 이것은 또 당시 에스파냐 제국의 정치와 대단히
긴밀한 관련을 맺고 있었다. 원래 에스파냐라는 국가는 800년 동안
이베리아반도를 지배하던 이슬람 세력을 몰아내면서 점차 모습을
갖추어간 전사戰士 귀족 중심의 국가였고, 그래서 국가 이념에서도
다른 어느 국가보다도 전투적인 가톨릭 이데올로기가 강했다. 국내
적으로는 아직도 잔존해 있는 이슬람교도와 유대인을 가혹하게 탄
압하고 유럽 내적으로는 가톨릭에서 벗어난 '프로테스탄트 이단'에
맞서 싸우려 했다.

더 나아가서 유럽 대륙 바깥으로는 몽골과 중국까지 전도하는
것을 신이 에스파냐 국왕에게 부여한 신성한 임무라고 여겼다. 따
라서 콜럼버스가 신대륙(콜럼버스의 생각으로는 아시아 대륙) 항로를

발견한 것은 무엇보다도 에스파냐 국왕이 이루어야 하는 세계사적인 과업의 첫 과정이었던 것이다.

그런데 이때의 '전도'라는 것을 오늘날의 의미로 보아서는 안 된다. 쉽게 말해서 이때의 '전도'란 지배하고 착취하여 그들의 부를 빼앗으면서 동시에 강제로 기독교를 믿도록 하는 것을 뜻할 뿐이다.(바스코 다 가마가 인도에 가서 "기독교도와 향료를 찾아서" 왔다고 공언한 것도 같은 의미다.)

이런 관점에서 신대륙은 욕망과 찬탄의 대상이면서 동시에 멸시의 대상이었는데, 그것은 다름 아닌 '여성'의 모습을 띠게 된다. 아메리카는 아름답고 기름지며 탐나는 대상으로서, 남성이 여성을 '정복'하듯 그렇게 정복하는 대상이다. 그것은 예전부터 내려온 전설의 도움을 받아 지상 낙원의 이미지로 나타난다. 그리고 당시의 사고에서 이 말은 단지 상징적인 의미만이 아니라 지구상의 어딘가에 실존하는 장소로 여겨졌다.

당시까지 영향을 미치고 있던 중세적 지리 개념에 의하면 에덴동산은 실제로 아시아에 위치해 있는 것이었다. 그곳은 대부분의 사람들에게는 접근이 불가능하지만 이제 인류의 마지막 전도 사업을 벌이려는 에스파냐 국왕 같은 인물에게는 하느님의 뜻에 따라 그곳으로의 접근이 가능해졌다. 이런 사고는 신대륙을 놀랍게도 여성의 젖가슴으로 형상화하는 대목에서 절정에 이른다. 콜럼버스는 3차 탐험에서 새로 발견한 곳을 국왕에게 보고하는 문장에서 이렇게 쓰고 있다.

지구는 여성의 젖가슴 모양으로 되어 있는데, 지상 낙원은 그중

에서 특히 젖꼭지에 위치한다.(하늘에 가장 근접한 위치이기 때문
이다.)

그가 막 발견한 그곳이야말로 바로 그 낙원임에 틀림없다.

타 대륙의 여성화feminization 혹은 성애화eroticization는 이런 맥
락에 놓여 있다. 아름답고 탐나는 존재, 때로 위험을 품고 있으나
기본적으로는 약한 대상, 정복을 통해 우리의 씨를 뿌리고 자손을
퍼뜨리는 곳 … . 장기적으로 제국주의 침탈에까지 연결되는 유럽
팽창은 물질적으로만이 아니라 근대 초 유럽인들의 마음속에 벌써
남근중심주의phallocentrism의 형태로 갖추어져 있었던 것이다.

중국이 서쪽으로 가지 않은 까닭은

근대 세계사에서 가장 중요한 현상은 무엇일까? 물론 역사가마다 다르게 이야기하겠지만 유력한 후보 중의 하나는 '유럽의 세계 팽창'일 것이다. 생각해보라. 중국이나 일본, 한국이 배를 타고 서쪽으로 항해하여 유럽을 '발견'했다든지, 아메리카 인디언들이 유럽을 정복하고 대량 살상을 했다든지, 혹은 아프리카인들이 유럽의 '흰둥이'들을 잡아다가 노예로 팔아먹는 따위의 일은 일어나지 않았다.

그와 반대로 유럽 세력이 그리고 그 아류인 미국이 전 세계로 뻗어나가서 군사·정치·경제·문화적으로 온 지구를 지배하는 것이 15~16세기 이후 세계사의 전개 과정이다. 도대체 어떻게 이런 일이 일어나게 된 것일까? 유럽인들은 원래 그렇게 강한 힘을 가졌던 것일까? 그러나 아주 긴 역사의 흐름 속에서 바라보면 유럽 세력의 팽창은 그야말로 최근에 벌어진 한바탕 꿈자리로 보일 수도 있다.

중세(유럽사에서는 대개 서기 500년부터 1500년까지 천년을 가리킨다)에만 해도 서구는 압박받는 불쌍한 소수민족에 가까웠다. 이슬람 세력을 예로 들어보아도 충분하다. 비잔티움제국을 위협하고 북부 아프리카를 휩쓴 이슬람권은 8세기에 이베리아반도로 들어와서 무려 800년의 세월 동안 이곳을 지배했다. 죽을 고비를 넘긴 유럽이 처음 가까운 바깥으로 힘을 써본 것이 12~13세기의 십자군 운동이었다면, 약간의 자신감을 가지고 먼 곳까지 눈을 돌리기 시작한 것이 15세기 이후의 아프리카 해안 탐사나 아시아 여행이라 할 것이다.

그나마 이 탐험 여행을 주도한 것은 유럽의 변방 국가인 포르투갈과 에스파냐였다. 잘 알려진 대로 바스코 다 가마는 1497년에 리스본을 떠나 다음 해에 아프리카 동부의 말린디를 거쳐 인도의 캘리컷에 도착했다. 이야말로 아시아와 유럽이 드디어 해상에서 처음 조우하게 된 역사적 순간이라 할 수 있다. 이제 유럽이 아시아를 정복하고 지배하게 되는 첫걸음을 뗀 것이라고 누구나 상상하게 된다.

그런데 그렇게 보기에는 뭔가 이상한 일들이 눈에 띈다. 다 가마는 인도에 도착하자마자 호기 있게 "우리는 기독교도와 향료를 찾아서 왔다"고 소리쳤다. 중세의 전설에 따르면 북아프리카의 이슬람권 너머에 기독교 왕국이 있다고 되어 있는데, 유럽은 늘 이 기독교 왕국을 찾아서 이슬람 세계를 양쪽에서 협공하는 것이 꿈이었다.

그런데 정작 아시아에서 그들이 만난 사람들은 전부 힌두교도였다. 더욱 기대에 어긋난 것은 향료를 사기 위해 유럽에서 가지고 간

바스코 다 가마. 유럽인 중 최초로 아시아에
항해해간 인물이다.

직물을 비롯한 상품들을 내놓았다가 비웃음을 산 것이다. 인도의
한 제후는 그런 조잡한 물건 가지고는 안 되겠으니 다음에 올 때에
는 차라리 금을 가지고 오라는 충고까지 했다.

　더욱 놀라운 일은 이들보다 약 50년 전에 "당신들과 비슷하게 흰
피부를 가진" 사람들이 왔었다는 소문을 들은 것이다. 그것은 명나
라의 환관 정화鄭和가 이끄는 대함대의 항해를 가리키는 것이었다.

　1405년부터 1433년 사이에 명의 황제는 모두 일곱 차례 원정대
를 내보냈다. 우선 그 규모가 엄청나서 하나의 선단은 300척의 배
와 2만 8천 명의 선원으로 되어 있었다. 당시 유럽의 웬만한 도시
인구가 2만~3만 명이었던 점을 고려하여 요즘의 규모로 환산하면
40만~50만 명의 선원이 움직인 것에 가깝다.(역시 중국은 스케일이
크다는 것을 알 수 있다.) 바스코 다 가마 선단의 선원 수가 180명이

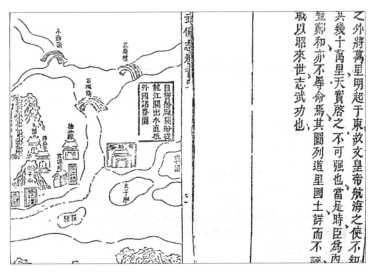

《武備志卷二百卌》

自寶船廠開船從龍江關出水直低外國諸番圖

之外將萬里明起于東故文皇帝航海之使不知其幾十萬里天寶啓之不可强也當是時臣爲內堅鄭和亦不辱命爲其圖列道里圖土詳而不誣載以昭來世志武功也

『정화항해도(鄭和航海圖)』

안 되었다는 점과 비교해보면 그야말로 고래와 꽁치 정도의 차이인 셈이다.

정화의 선단이 어디까지 갔느냐 하는 것은 완전히 밝혀지지 않았으나 아프리카 동부 해안을 순항한 것은 분명하고 일설에 의하면 희망봉 근처까지 간 것으로 되어 있다. 내친김에 아프리카를 돌아 유럽까지 항해하여 런던 앞바다를 가로막고 행패를 부리고 왔다면 어떻게 되었을까?

그러나 실제 역사는 그렇게 돌아가지 않았다. 무엇보다도 정화의 항해는 비교적 평화적이었다. 가장 대표적인 충돌 사건으로는 실론섬의 어느 국왕이 시비를 걸어와서 일어난 소규모 전쟁 정도를 들 수 있다.

또 하나 흥미로운 것은 1911년에 실론에서 발견된 비석이다. 정화가 원정 중에 실론섬에 세운 이 비는 세 개의 문자로 기록되어 있

다. 한자로 씌어진 부분은 정화가 절에서 부처님께 공양을 드렸다
는 내용이고, 타밀어로 씌어진 부분은 명나라 황제가 힌두의 신을
찬양해 비석을 세운다는 내용이며, 마지막으로 페르시아어로 씌어
진 부분은 알라의 영광을 위해 이 비를 세운다는 내용이다.

정말로 종교적 관용 또는 실용적 사고의 극치라 하지 않을 수 없
다. 원래 이슬람 세력을 협공할 기독교 세력을 찾으러 왔다는 포르
투갈과 비교하면 이 얼마나 큰 차이인가? 아닌 게 아니라 포르투갈
은 곧 종교재판소를 설치하고 비밀 조직을 동원하여 이교도들을 색
출하고 처벌했다.

중국이 그 엄청난 규모의 선단을 내보낸 이유는 공식적으로는
생사를 알 수 없는 전 황제인 건문제建文帝를 찾는다는 것이었으나,
실제로는 중국의 힘과 위엄을 과시하여 중화 세계의 질서를 세우기
위함이었다. 차라리 가장 눈에 띄는 성과는 기린이나 사자 같은 이
국적인 동물을 잡아와서 황제의 동물원에 보낸 '박물학적' 연구라
할 것이다.(다만 기린은 성군聖君의 시대에 나타난다는 전설상의 동물 기
린麒麟과 동일시하여 당시 중국 황제의 덕을 기리는 선전 도구로 유용하게
사용했다.)

그렇게 인도양을 순항하고 난 다음 중국이 내린 결론은 해외의
오랑캐들은 중화에 필요치 않다는 점이었다. 원래 중국은 지대물박
地大物博하여 없는 것이 없고 이미 문화적으로 성현의 가르침을 받
았으니 다른 미개한 나라에서 배울 것이 하나도 없다! 이런 태도인
데다가 곧 만주족의 위협이 심각해지자 남해南海보다는 북방 대륙
으로 관심이 옮겨갔다.

거기에다가 정화 같은 환관들이 황제의 총애를 받으며 설쳐대는

것을 유교적 관료들이 비판하고 나서자 해외 탐험은 물 건너가고 말았다. 그 정도가 아니라 배는 전부 쪼개서 땔감으로 쓰고 민간인들이 바다로 나가는 것 자체를 법령으로 금지시켰다(해금海禁).

이렇게 해서 중국은 '제국주의 없는 제국', 자기 내부로 갇혀버린 제국이 되었다. 그러나 바로 얼마 지나지 않아 중국은 그런 결정에 대해 비싼 대가를 치르게 된다. 왜구들이 중국 해안을 제집 드나들듯 헤집고 다녀도 제어하지 못하고, 포르투갈인을 비롯한 '서양 오랑캐'들이 집적대도 마땅히 대응할 방도가 없게 된 것이다.

근대로 들어오는 초입, 거대한 중화제국은 경제적으로나 문화적으로 여전히 전 세계의 최정상에 있었던 것이 분명하다. 저 멀리 변방, 서양의 장사치들을 두려워할 이유는 없어 보였다. 상업을 천시하는 중화제국의 황제가 보았을 때 포르투갈 왕이 아시아에 콩알만한 선단을 보내고 나서는 자신을 "상업과 항해의 왕"이라는 촌스럽기 그지없는 이름을 쓰는 것을 알았다면 정말 눈물이 나게 웃었을 것이다.

그러나 장거리경주에서 최후의 승자는 뒤에서 뛰쳐나오기 십상이다. 그리고 포르투갈의 뒤편에는 네덜란드, 영국, 프랑스같이 훨씬 더 지독한 종자들이 줄줄이 기다리고 있었다는 점을 황제께서는 알 리가 없었다.

먹느냐 못 먹느냐 그것이 문제로다

다이어트의 문화사

지난날 인간의 삶을 이해하는 데에 가장 중요한 문제들 중 하나는 사람들이 역사적으로 얼마나 잘 먹고 살았느냐 하는 것이다. 단적으로 이야기하자면 지금까지 인류는 평균적으로 계속 굶주려왔다. 먹을 것이 풍족해지고 사람들의 비만이 심각한 문제가 된 것은 20세기 후반에 들어와서의 일이며, 그나마 일부 국가의 일부 계층에 한정된 일이다. 이와는 달리 역사 기록을 보면 지난날 인간의 삶이 얼마나 빈곤했는지를 알 수 있다.

식량 부족이 모든 사람들을 덮쳤다. 짐승들까지 다 잡아먹고 난 다음 사람들은 끔찍한 배고픔에 사로잡혀 죽은 짐승 고기 같은 온갖 더러운 것들을 다 먹어치웠다. 그러고 나서 기아의 광증은 인육을 먹도록 만들었다. 여행자들은 힘센 사람들에게 잡혀서 몸이 절단되어 불에 구워졌고, 아사를 피하기 위해 이곳저곳 떠돌아다니던 사람들은 잠잘 곳을 마련했다고 생각한 곳에서 밤에 맞아죽어 결국 그 곳 주인의 배를 채우는 역할을 했다. 많은 사람들이 과일이나 계란 같은 것으로 아이들을 으슥한 곳으로 꼬여서 죽인 다음 먹어버렸다. 어떤 사람은 시장에 인육을 가지고 와서 팔다가 화형에 처해졌다.

이 기록은 물론 극단적인 기근의 시기에 일어난 것이기는 하지만 인류는 늘 이런 종류의 위기 상황에 빠질 위험을 안고 살아갔다. 이런 상황에서 음식 문제는 사회적으로나 문화적으로 결정적인 영향을 미치게 된다.

예컨대 귀족과 농민의 구분이 가장 구체적으로 드러나는 것이 다름 아닌 음식의 차이였다. 자신들의 위신을 높일 필요가 있는 귀족들은 엄청난 규모의 연회를 열면서, 화려한 음식 접시들을 들고 길거리로 나와서 광장을 한 바퀴 돌았다. 굶주림의 시기에 이것이 야말로 가장 확실한 부와 권력의 과시였을 것이다.

부를 획득한 부르주아들이 귀족을 흉내 내려 했을 때 귀족들은 '사치금지법'이라는 것을 만들어 자신들을 좇아오려는 이 '졸부'들을 따돌리려고 했다. 예를 들어 부르주아 자제가 결혼식을 올릴 때 "피로연에서 세 코스 이상의 음식을 대접해서는 안 된다"는 등의 규정을 두려는 것이 다 그런 목적이었다.

농민들은 어떠했는가? 그들의 열망은 무엇보다도 잘 먹는 것이었고, 그것은 "음식이 지천에 널린 땅"이라는 민중적 유토피아로 표현되었다. 소위 코케인Cockaigne의 나라가 그것이니 이곳에서는 "모든 집의 벽들이 농어, 연어, 청어로 되어 있고, 서까래는 철갑상어로, 지붕은 햄, 작은 들보들은 소시지로 되어 있다. 길거리에서는 살찐 거위가 저절로 돌아가며 구워지고 있고 마늘 소스가 그 옆에 따라온다."

여기에서 강조하고 싶은 것은 먹는 문제라는 것 역시 문화의 차원이 있다는 점이다. 단적인 예가 미의식美意識의 문제다. 전통적으로 미녀들은 대개 통통한 몸매를 가지고 있었다. 굶주림의 시대에 바짝 마른 여자는 예뻐 보일 수가 없다.

예전의 미인도를 보면 대개 통통한 몸매를 가지고 있으며 더 나아가서 루벤스의 그림에 나오는 여인들처럼 불그스름한 살집을 자랑한다. '기름기'라는 말은 전통 시대에는 아주 긍정적인 의미를 가져서, 권력과 미의 이미지를 가졌다. 예컨대 피렌체의 최상층 귀족을 직역하면 '기름기 있는 사람들popolo grasso'이었다. 15세기 이탈리아의 소설에 나오는 한 농부는 뚱뚱한 이웃 사람을 부러워하다 못해 거세를 하면 그렇게 허리둘레가 커진다는 말을 듣고 실제로 거세를 한다.

이런 상황은 20세기에 들어와서도 마찬가지였다. 1950년대까지도 영화에 나오는 여주인공들은 풍만한 몸매를 가지고 있었다. '날씬함의 이데올로기'가 완전히 승리를 얻은 것은 20세기 마지막 20~30년 동안에 가서의 일이다. 이제 역사상 거의 처음으로 탐스러운 살집이 추한 모습, 혹은 가난한 사람들의 이미지와 겹쳐지게 되었다. 미국 사회에서는 살찌는 음식들을 정신없이 먹어대는 것은 빈민들의 행태, 특히 가난한 흑인들의 모습으로 비쳐지는 경향이 있다. 바야흐로 다이어트의 시대가 도래한 것이다.

부자들 그리고 지적인 사람들은 이제 굶기 위해 노력한다. '다이어트diet'라는 말 자체가 이 엄청난 모순을 잘 설명해준다. '사람마다 자신의 요구와 특질에 맞추어 구성하는 영양 체계(더 나아가서 생명의 체계)'를 가리키는 고대 그리스의 이 용어는 오늘날에는 오히려 음식의 절제 또는 거부를 의미하게 되었다.

살을 빼는 것이 얼마나 힘든가는 다이어트를 한 번 해본 사람에게는 설명할 필요가 없는 것이지만, 그 뒤에는 지난날 인간의 역사가 그대로 투영된 '몸의 진실'이 있다. 몇십 만 년 이상 굶주림을 견디며 살아온 인간은 기근의 흔적을 몸 안에 가지고 있을 수밖에 없다. 사람의 몸은 음식 섭취와 관련하여 놀라운 적응력을 발전시켰다. 음식이 모자라는 상황에서는 아주 소량만 먹으면서도 오랫동안 버틸 수도 있고 (예컨대 '빨치산' 활동을 한 사람들이 남긴 글을 보면 사람이 얼마나 기아를 잘 버텨내는지 알 수 있다) 그러다가 갑자기 음식이 생기면 최대한 영양소를 저장하려고 한다. 다시 말해서 사람 몸은 늘 식량 부족 상태를 예상하고 여분의 영양소를 차곡차곡 살로 만들어 보관하려고 한다.

살빼기가 구조적으로 힘든 이유가 여기 있다. 식사 조절과 운동으로 어렵사리 체중을 줄여놓으면 우리 몸은 곧바로 비상사태를 선포한다. 우선 먹을 것에 극도로 민감해져서 계속해서 밥과 라면 생각이 간절하도록 만들고, 또 이제부터는 소량의 음식으로도 버틸 수 있도록 몸의 효율성을 극대화시킨다. 그래서 순간의 방심으로 밥을 조금만 더 먹어도 우리 몸은 곧 여분의 영양분을 저장해 놓는다. 공포의 살이 원상 복귀하는 때가 머지않은 것이다.

우리 몸은 늘 기근에 대비하는 방향으로 진화해왔지만 불필요할 정도로 많은 음식을 섭취하는 상황에 어떻게 대처하는지는 전혀 준비되어 있지 않은 것이다. 맛있는 음식은 본질적으로 살찌게 하는 음식이라는 어느 유명한 요리사의 말은 참으로 정곡을 찌르고 있다.

롤랑 바르트의 설명에 의하면 다이어트의 이면에는 미세하나마 종교적 심성도 숨어 있다고 한다. 음식을 많이 먹고 살이 찐다는 것, 그것은 지나친 쾌락과 상통한다. 자신의 모습을 그로부터 멀어지게 한다는 것은 우리 마음속 깊은 내면에서는 일종의 과묵한 참회와 통하고 있다는 것이다. 그래서 예컨대 음식 광고의 경우에도 노골적으로 '먹는 즐거움'을 강조하면 실패하는데, 그 이유는 이와 같은 잠재적인 죄책감을 불러일으키기 때문이다. 그래서 '몸에 좋고', '건강에도 도움이 된다'는 메시지를 전하려고 한다.

세속적인 쾌락의 극대화를 치닫는 것처럼 보이는 우리 현실에서 먼 나라의 이 이야기가 그대로 들어맞는지는 모를 일이다. 그냥 한 번 생각해본 바이지만 너무 많이 먹고 나서 살 빼려고 하는 남쪽과 아직 굶주림에 시달리는 북쪽이 서로 합쳐서 적당히 반으로 나누면 얼마나 좋으랴.

유행과 사치 그리고 역사의 동력

중세 유럽에서 최고의 사치품 가운데 하나는 분명 후추일 것이다. 인도와 동남아 지역에서 생산되는 후추가 바닷길로 아라비아반도까지 가서 그곳에서 다시 대상隊商(caravan)에 의해 지중해 동쪽의 항구도시로 이송되고 이곳에서 이탈리아 상인들에 의해 유럽에 들어왔다가 최종적으로 유럽 전역으로 팔려갔으니, 그 당시의 교통 사정을 감안할 때 후추가 얼마나 비쌌을지는 짐작이 가고도 남는다.

한때는 통후추를 팔 때 같은 무게의 은과 교환되었다고도 한다. 그래서 당시에는 "후추처럼 비싼"이라는 속담이 있을 정도였다. 근대 초에 유럽의 항해사들이 한몫 벌기 위해 목숨을 걸고 아시아로 가려던 중요한 목적 중의 하나 역시 후추를 직접 구하기 위함이었다는 것은 잘 알려진 사실이다. 그러다 보니 중세사를 공부하다 보면 후추 이야기가 하도 많이 나와서 중세인들은 마치 후추만 먹고

유럽에 수출하기 위해 후추를 수확하고 있다.

산 것 같은 느낌을 받는다. 그런데 여기서 한 번 다시 생각해보자. 도대체 왜 그토록 후추를 찾았던 것일까?

사실 후추라는 것이 필수품은 아니다. 후추를 먹지 않는다고 무슨 영양상의 큰 손실이 오는 것도 아니지 않은가? 하여튼 지금까지의 속설은 냉장 보관 시설이 형편없던 그 시절, 고기가 너무 쉽게 상하므로 그 상한 맛을 숨기느라고 후추를 많이 뿌려서 먹었다는 것이다.

그러나 최근의 연구에 의하면 그것은 근거 없는 설이고, 가장 중요한 요인은 단지 매운맛에 대한 과도한 열망이라고 한다. 최고급 음식과 음료에는 속이 아릴 정도로 많은 양의 후추를 쳐댔고, 그것도 모자라서 식후에 후추 과자를 디저트로 먹었다고 한다. 세계사적인 그 중요한 사건의 핵심 요인이 '맛'에 있었다니 … .

그런데, 소위 '지리상의 발견'의 시대가 지나면서 후추가 대량으로 수입되기에 이르렀다. 곧 유럽에는 후추가 넘쳐났고 값도 폭락

했다. 이제 웬만한 수입을 가진 사람이면 후추는 쉽게 구할 수 있었다. 그러자 바로 이 시점부터 부자들은 후추에 대한 매력을 잃게 되었다. 다른 사람은 못 먹고 우리 집에서만 후추를 팍팍 뿌릴 수 있을 때 그것이 폼 나는 일이지, 다른 집에서도 얼마든지 먹는 것이라면 무슨 매력이 있단 말인가? 결국 과거의 사치품은 시간이 지나면서 일상품이 되고, 부자들은 다른 사치품을 찾게 되었다.

이 비슷한 현상은 그 외에도 많이 찾아볼 수 있다. 한때는 설탕이 부자들만 맛볼 수 있는 최고의 사치품인 때가 있었다. 유럽에 처음 차茶가 들어왔을 때에는 그 역시 부자들의 전유물이었다.

이런 일이라면 우리 역시 많은 예를 들 수 있다. 우리 어렸을 때는 바나나라는 것이 그 얼마나 귀한 물품이었는가? 백화점의 고급 식료품 가게에서 파는 바나나는 생일날에나 한 개 얻어먹든지, 혹은 몸이 아플 때 이를 안쓰럽게 여긴 부모가 큰맘 먹고 사다주는 정도였다. 그런데 요즘은 차가 막혀서 서행하는 지점에 흰 마스크를 쓴 사나이가 "꿀빠나나 한 보따리 이천 원"이라고 쓴 종이 딱지를 흔들며 길바닥에서 파는 신세가 되었다.

이렇게 부자들이 '사치'나 '유행'에 민감하고 또 시간이 지나면서 엘리트들이 누리던 사치품이 점차 일상품이 되는 현상을 어떻게 이해해야 할까? 이것이 역사적으로 어떤 의미를 가지는 것일까? 기껏해야 표피적인 변화, 변덕스럽기 그지없는 얄팍한 사람들의 심성, 건전치 못한 태도 … . 이렇게 이야기하면 족할까?

그렇지는 않으리라. 아마 반대로 생각해보면 의미가 더 쉽게 다가올 것이다. 만일 어떤 사회의 사람들이 모두 극히 건전한 생활 태도를 가지고 있어서 도대체 사치라는 것을 모르고 유행이라는 것이 거의 전무하다고 생각해보자. 100년이 지나도 사람들은 거의 변화가 없는 옷을 입고 있으며 거의 같은 종류의 소박한 음식을 먹을 것이다. 어제의 일이 오늘 반복되고 오늘 일이 내일 일어날 것이다. 좋게 말해서 사회가 안정적이고 약간 안 좋게 말하면 세상 참 심심할 것이다.(딱히 맞는 비유인지는 모르겠으나 산중 스님들이 대체로 이 비슷한 상황이리라.)

사회 전체가 이렇다면 변화와 발전은 불가능하다. 좋은 방향이든 나쁜 방향이든 사회가 변화의 동력을 가지기 위해서는 이 사회 내에 어떤 움직임이 있어야 하고, 그것은 우선 사람들의 마음속에 변화를 추구하는 조바심, 남과 나를 구분 짓고, 나보다 앞서가는 자들을 좇아가려 하고, 혹은 내가 앞서 있다면 다른 자들이 좇아오지 못하도록 나 자신을 더 변화시키려는 욕구 같은 것이 있어야 한다.

사람은 '필요'의 존재일 뿐 아니라 '욕망'의 존재이기도 하다. 밥을 먹어야 살지만 밥만 먹고 사는 것은 아니다. 혹은 밥을 먹더라도 뭔가 색다르게 먹고 싶어 한다. 이런 욕망이 인간의 삶을 바꾸는 동력이 되는 것이다. 이렇게 생각하면 '사치'나 '유행'이라는 것이 그렇게 단순한 일만은 아니다. 인간 심성의 저 깊은 차원에서 보면 그것은 자신을 드러내려는 근본적인 욕구에 닿아 있고, 사회적으로는 계급 간 다툼의 표징이 된다.

귀족은 늘 자신을 따라오려는 부르주아들을 못마땅하게 여기고 '사치금지법'이라는 것을 두어서 옷 색깔, 옷감 종류, 잔치 때 쓰는 음식의 가짓수 같은 것을 규제하려고 했다. 그러나 부르주아는 가능한 모든 방법을 다 동원해서 그 규제를 피해가려 하고, 결국 자기 뜻을 이루고 만다. 하늘 높이에서 내려다보면 인간들의 이 부질없는 싸움이 정말로 한심해 보이겠지만, 인간은 원래 그런 존재다. 부르주아가 얻어낸 것은 다음에 일반 민중들이 누리게 되고, 그러면 또 다른 것들을 놓고 똑같은 다툼이 반복된다.

이런 종류의 일들에 주목한 학자는 베르너 좀바르트다. 『사랑과 사치와 자본주의』라는 약간 색다른 제목의 책이 그런 내용을 이야기하고 있다. 부자들의 사치가 자본주의의 동력 그 자체라고까지 말하는 것은 약간 과장된 주장이라는 느낌을 받지만, 그런 것이 사회 동력의 일부이며, 적어도 다이내믹한 사회의 징표라는 것은 받아들일 수 있을 것이다.

이제 우리의 현실로 돌아와보자.

해마다 대학생들의 옷차림과 머리 모양이 야단스러워진다. 대개 보수적인 생각을 하기 쉬운 선생들은 드러내놓고 말은 못하지만 속으로는 불만이 부글부글 끓어오른다. 도대체 학생이 하라는 공부는 안 하고 저렇게 겉멋만 잔뜩 들어 있으니, 우리나라의 장래가 심히 걱정되도다, 우리 때에는 학생들이 얼마나 성실했는가, 세상이 망하려나, 아, 저 끔찍한 빨강 머리 … . 이런 말들이 입으로는 안 나와도 얼굴에 그대로 드러난다.

나 역시 그런 생각이 들지 않은 것은 아니지만 이제 생각을 바꾸기로 했다. 그럼 요즘 학생들도 군복 물들여서 입고 다니리? 모두 새마을 청년처럼 새파랗게 짧은 머리 하고 다니리? 검정 고무신이나 워커 신고 다니리?

이 세상은 자꾸 바뀌어야 하고 더 나은 방향으로 발전해야 한다. 똑같은 것이 하염없이 지속되기만 하면 안 된다. 우리 어릴 때와 같은 세상을 다시 물려줘서야 되겠는가? 그래서 학생들이 머리를 황금색으로 물들이든 무지개 색으로 물들이든 예쁘게 봐주기로 했다. 무지막지하게 짧은 치마를 입든, 땅바닥을 걸레질하며 다닐 정도로 긴 바지를 입든 그냥 무심히 보기로 맘먹었다.

저렇게 일일신 우일신日日新又日新의 정신으로 자기를 표현하려는 욕망이 강하니 이 사회가 어찌 변하지 않으리오.

다만 바라건대 껍데기만 그렇게 바꾸지 말고 마음속 깊이까지 바꾸었으면 한다. 속은 오히려 중늙은이보다 더 구태의연한 속물근성이 그득하고, 진정 자기를 표현하는 개성 있는 방식을 찾는 것이 아니라 하나같이 똑같은 옷만 백화점에서 사 입어서 오히려 몰개성의 세대가 되어버릴 가능성이 농후해 보이니, 그게 걱정이다.

몸과 마음 모두 속 시원하게 멋대로 살아봐라!

이 세상을 바꾸어라!

근대사는 진보의 역사인가

　근대사에 관심을 두고 있는 역사가로서 궁극적으로 묻게 되는 것은 과연 시간이 흐르면서 이 세상은 더 살기 좋아지는 것일까 하는 점이다.

　물론 여러 방면에서 더 잘살게 된 요인들을 쉽게 찾을 수 있다. 근대 이전의 기록들을 보면 극심한 기근 때문에 많은 사람들이 영양실조에 걸려 있고 더 심하면 아사자가 발생하며, 또 그렇게 되면 일종의 정신착란 증세가 생겨 자기 자식들을 솥에 삶아 먹는 식의 끔찍한 일들이 일어나곤 했다.(들리는 말에 의하면 우리나라에서도 20세기 초반에 흉년이 심해지면 이런 일이 벌어졌다고 한다.)

　농업이 점차 발전해서 우선 그런 사태가 많이 완화되었다는 것만으로도 우리는 시대가 지나면서 사정이 많이 좋아졌다고 말할 수 있을 것이다. 수제비로 연명하던 어린 시절을 보낸 사람 같으면 음식이 남아돌 정도로 풍족한 요즘 세상 "참 많이 좋아졌다"는 말이 자연스럽게 나오게 마련이다.

우리 일상에서 가까운 예를 하나 더 찾아보자. 예전에 여성들의 삶은 대부분 고단한 노동의 연속이었다. 밤새 물레 돌려서 실 잣고 길쌈질하여 옷감 만들고 다시 바느질하여 옷을 짓는 그 모든 노동을 집에서 해야 한다고 생각해보라. 거기에다가 물지게 지어서 물 길어오고 빨랫감 머리에 이고 개울가에 가서 빨래하는 일만으로도 중노동이었을 것이다. 요즘에야 세탁기에다가 빨랫감을 집어넣고 버튼 누르면 완벽하게 끝나지 않는가? 이런 종류의 진보를 두고 기계화로 인한 비인간화네 어쩌네 하고 너무 쉽게 이야기해버리는 것은 순진한 낭만주의라고 불러 무방하리라. 실제로 젊었을 때 내내 빨래로 고생하다가 세탁기를 사용하게 된 우리 어머니 말씀이 세탁기 발명한 사람을 만나면 하루에 세 번씩 절을 하겠다고 하신다. 겪어보지 않은 사람은 하지 못할 이야기일 것이다.

그러므로 근대가 우리 인간을 여러모로 해방시킨 점이 많다는 것은 분명하다. 귀족만의 자유가 점차 일반 대중의 자유로 확대되었고, 높은 생산력 발전의 덕을 많은 사람들이 누리게 되었고, 분명 더 많은 지식과 풍부한 문화 경험을 하게 되었다. 그러나 여기에서 이야기하고 싶은 점은 그런 해방의 이면에 폭력과 억압의 측면이 동시에 깔려 있다는 점이다. 무엇보다도 노예무역이야말로 근대의 역설이라고 하지 않을 수 없다.

우선 우리가 막연히 잘못 생각하는 한두 가지 점에 대해 이야기해보자. 노예제라고 하면 대개 고대사의 주제라고 생각하기 쉽지만 노예제가 가장 대규모로 보편화된 것은 근대에 들어와서의 일이다. 고대에도 가혹한 노예제가 있었지만 정작 가장 악랄한 노예제는 근대 서양에서의 플랜테이션 체제였다.

사실 노예제와 노예무역이라는 것은 고대에만 한정된 것이 아니라 아주 오랜 기간 동안 전 세계 어디에서나 볼 수 있는 대단히 보편적인 현상이었다. 아프리카만 해도 대서양으로 대규모 노예 유출이 이루어지기 이전에는 사하라사막을 넘어 이슬람권으로 노예를 수출하는 것이 1천 년 이상 이루어지고 있었다. 슬라브족과 코카서스 인종 노예가 오스만제국에 유입된 현상 역시 아주 오래된 전통을 가지고 있었다. 또 인도 내부로부터 인도의 해안 지역 그리고 더 너머 동남아시아의 부유한 지역으로 노예가 팔려나간 것 역시 마찬가지다.

유럽인들이 들어오기 전의 아메리카 문명권에서도 노예제와 노예무역이 존재했다. 그러므로 노예무역이라는 것이 전 세계적인 현상이었던 점은 분명하다. 근대에 들어와서 달라진 점이 있다면 여태까지 지역 차원에서 비교적 소규모로 이루어지고 있던 노예무역이 전 지구적인 차원으로 대량화되었다는 것이다.

대서양 노예무역이 얼마나 끔찍한 방식으로 이루어졌는지는 많은 기록이 증언하고 있다. 강제로 배에 올라타게 된 아프리카인들은 고통과 불안을 이기지 못하고 바닷물에 뛰어들어 자살을 기도했다. 그러면 선원들은 이들을 구하지 않고 그대로 지나가버렸다. '상품들'을 그렇게 잃어버려서는 안되므로 짐칸에 쇠사슬로 묶어두자, 이번에는 아예 식사를 거부하고 굶어죽는 방식으로 항의를 했다. 그러자 선원들은 이들 중 한두 사람을 끌어내서 수족을 절단하여 다른 사람들에게 공포를 심어주었다.

흑인이 노예로 잡히면서부터 끔찍한 대서양 항해 그리고 신대륙

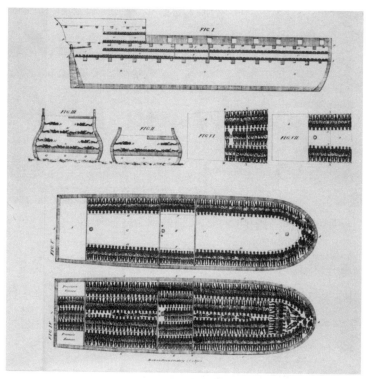

대서양을 넘는 노예선의 설계도. 흑인 노예들은 '책꽂이에 꽂힌 책처럼' 혹은 '관에 넣은 시체'처럼 배의 화물창에 실려서 대서양을 건넜다. 새까만 막대 하나하나가 흑인 노예 한 명 한 명이다.

에서의 고단한 삶에 이르기까지 그들이 겪은 고통이야 다시 말해 무엇하겠는가? 다만 노예무역과 관련하여 제기되는 중요한 문제들 한두 가지만 살펴보도록 하자.

아프리카에서 아메리카로 끌려간 흑인들의 수가 어느 정도였을까? 이에 대한 선구적인 연구는 P. 커틴이라는 학자에 의해서 수행되었는데, 그는 1451년부터 1870년까지의 기간 동안 대략 956만 명이 아메리카로 끌려간 것으로 추산했다. 여기에 대해서는 많은 후속 연구가 이루어져 부분적인 수정을 가하곤 했지만, 커틴의 원

아프리카의 내륙 지역에서 잡혀서 해안 지역으로 이송되는 흑인들.

래 수치가 대략적으로 맞은 것으로 현재 일반적으로 받아들여지고 있다. 약 1천만 명의 흑인이 간 곳은 주로 어디일까? 가장 많이 간 곳은 카리브 지역의 사탕수수 플랜테이션이었다. 달고 흰 설탕은 검은 노예들의 쓰디쓴 강제 노동의 결과물이었던 것이다.

그렇다면 가장 많이 노예들이 잡힌 곳은 어디였을까? 시대마다 약간씩 다르지만 베넹, 앙골라, 비아프라, 콩고 등지가 가장 큰 희생이 이루어진 곳이다. 노예무역이 이 지역의 궁핍화를 초래한 것은 분명하지만, 구체적으로 어떤 일이 일어났는가? 아프리카 대륙의 역사는 아직 많은 부분이 어둠에 묻혀 있지만 연구가 진행되면서 그중의 일단이 밝혀지고 있다.

대충 생각하는 것과는 달리 인구 감소라는 점에서는 생각보다 큰 피해가 없다. 그 이유는 노예상들이 주로 건장한 남자들을 사갔기 때문이다. 여자들이 남아 있었으므로 일부다처제의 방식이 발전해서 (극단적인 경우에는 한 남자가 20명의 부인까지 거느렸다) 인구'수'의 면에서는 인구 유출을 감당할 수 있었던 것이다.

그러나 인구 '구조' 측면에서는 심각한 왜곡을 가져왔다. 건장한 남자의 유출은 당연히 '피부양 인구/ 노동 인구'의 비율을 악화시켰다.(노예무역이 없었던 곳에서는 이 비율이 67/ 100 정도이지만 노예무역이 심한 곳에서는 85/ 100 정도가 되었다.)

남자의 부족은 곧바로 여성에게 더 많은 노동을 부가하여 이들의 생활 조건을 크게 악화시켰다. 그렇더라도 밭 개간, 나무 베기, 사냥, 어업과 같이 근력을 필요로 하는 대부분 남자가 맡았던 일들이 제대로 되지 않아서 전반적으로 이 지역 경제가 쇠락한 것은 말할 필요도 없다. 참으로 역설적인 결과의 하나는 남자에 비해 여자의 수가 많아져서 여성 노예제가 확대되었다는 점이다. 노예무역이 또 다른 노예제를 불러온 것이다.

원래의 논점으로 돌아와서 근대 이후 이 세계는 더 살기 좋아졌는가를 다시 생각해보자. 근대 서구의 비약적인 발전, 즉 산업화와 민주화, 문화의 만개 등은 노예무역의 확대와 함께 일어났다. 그러니 명쾌한 답은 아니지만 어쩔 수 없이 이렇게 대답해야겠다.

근대사에는 인간을 해방시킨 요소도 있고 인간을 더 억압하는 요소도 있다. 때로 그것은 동전의 양면처럼 함께 일어나기도 한다. 인간의 역사는 원래 그렇게 복합성을 가진 것이지만, 근대 이후 인간 사회의 연관성이 더욱 증대되면서 한편의 행복이 곧 다른 한편의 불행을 초래하기 쉽게 되었다는 점이 차라리 근대의 큰 특징 중의 하나라고 볼 수도 있을 것이다.

역사 속의 인구

학문의 기본기

한 사회를 이해하는 데에 무엇보다도 가장 중요한 정보 중의 하나는 단연 인구에 관한 정보일 것이다. 정말로 많은 사항이 사람 수에 달려 있는 것은 아닐까? 특히 이전 시대로 거슬러 올라갈수록 그런 것은 아니었을까?

그런데 문제는 오늘날에도 인구에 관해서 오차가 엄청나게 큰데 ―중국의 인구센서스에서는 오차가 1억이다― 과거의 인구에 대해서 어떻게 알 수 있느냐 하는 점이다. 그러나 유럽의 집요한 역사가들은 여러 자료와 방법론을 개발하여 결국은 어느 정도 받아들일 수 있는 인구사의 성과들을 창출해냈다. 예컨대 성당의 세례 기록, 결혼 기록, 장례 기록 등을 가지고 한 마을의 인구 규모와 인구 변동을 끈질기게 추적해가는 식이다. 이런 성과가 모여서 한 지역 전체에 대한 추산을 해보고, 프랑스 같은 한 국가의 인구통계를 만들어보고, 그다음에는 유럽 대륙, 나아가서 세계 인구를 추산하는 식이다.

물론, 짐작했겠지만 그런 결과들을 곧이곧대로 믿을 이유는 없고, 그런 식으로 '16~18세기의 세계 인구 추세' 같은 것을 이야기하는 인구사가라고 해서 자기의 계산이 정확하다고 말하지는 않는다. 그러나 1천 명이나 1만 명 단위까지 정확한 통계를 주장하는 것은 아니라 하더라도 세계 인구가 과연 수천만 명 수준인지 수억, 혹은 수십억 명 수준인지, 즉 어느 정도의 '규모'였는가는 이야기할 수 있다. 그리고 이것만으로도 정말로 많은 사실을 알 수 있다. 그 가운데 몇 가지 사실들을 살펴보도록 하자.

사람들은 물 위에 기름이 퍼지듯 지구상의 공간에 균일하게 퍼져서 사는 것이 아니라 좁은 곳에 모여 산다. 인구가 빽빽이 들어찬 이런 곳은 지구 전체로 볼 때 약 1100만 km^2로 아주 좁은 띠에 불과하다. 그런데 이 좁은 띠에 전 인구의 70퍼센트가 군집해 있다. 이 띠는 결국 온대 문명권에 해당한다. 이곳에 대해 계산을 해보면 문명화된 시대 이후의 인구밀도가 $30/km^2$ 정도인데, 그렇다면 $30/km^2$라는 이 수치는 문명권을 이루는 기본 요건이라 할 수 있다. 그 바깥 지역에는 아주 넓은 땅에 소수의 사람이 원시적인 사냥을 하며 살거나 유목 생활을 한다.

각 지역은 시기에 따라 인구 증가와 감소를 반복한다.(지속적으로 그것도 폭발적인 비율로 증가가 이루어진 것은 20세기 후반 이후의 일이다.) 그런데 신기한 것 중의 하나는 세계의 거의 모든 지역에서 인구 증가와 감소 경향이 일치한다는 점이다. 중국에서 인구가 늘어나는 시기에는 유럽 인구도 늘어나고 있었으며, 중국에서 인구가 감소하는 시기에는 유럽에서도 인구가 감소하고 있었다.

왜 전 세계적으로 이런 동일한 인구 변동이 일어나는 것일까? 그에 대한 답은 명확하게 내리지 못하지만, 아마도 가능성 있는 답 중의 하나가 기후 요인이라고 일부 역사가들은 생각하고 있다.(그러니 물론 이것도 단정할 수는 없는 문제다.) 이렇게 인구가 증가와 감소를 반복하면서도 몇백 년 단위의 긴 기간으로 보면, 예컨대 1300년부터 1800년을 잡아보면 인구가 적어도 두 배 이상 증가했다.

눈에 바로 보이는 사실은 아니라고 해도 근대사에서 일어난 가장 중요한 사실 중의 하나는 이처럼 인구가 급증했다는 것일 것이다. 같은 땅에 두 배 이상의 사람이 살게 되었을 때 그 생활의 양태가 완전히 다르리라는 것은 쉽게 짐작할 수 있다.

이번에는 영국과 프랑스를 비교해보자. 현재 이 두 나라의 인구는 대략 4500만 명으로 거의 비슷하다. 그런데 16세기쯤으로 거슬러 올라가면 프랑스 인구가 영국 인구의 네 배였다. 그렇다면 그 시기에 프랑스는 상대적으로 인구 '과잉'이었다고 볼 수도 있다. 프랑스에서 에스파냐 쪽으로 농민들이 계속 유출되고 있었던 점도 이런 시각에서 설명할 수 있을 것이다. 또 프랑스에서 유독 일찍부터 피임법이 개발되어나온 것도 이 사실과 연관 지어 생각해봄직하다.("남편들은 열정의 순간에도 집안에 자식이 하나 더 생기지 않도록 조심했다.")

20세기 이후 인구가 워낙 크게 증가한 나머지 우리는 흔히 과거의 상황도 오늘날의 모습과 비슷하리라 생각하기 쉽다. 그러나 과거로 거슬러 올라갈수록 스케일이 작아질 수밖에 없었다. 역사 교과서에서 읽은 적이 있을 터이지만 프랑크족, 반달족 하는 소위 '게르만족의 대이동'은 사실 몇만 명 수준의 사람들이 이동한 것에 불과하다. 그러므로 오늘날 잠실운동장에 6만~7만 명이 모이는 것은 예전 같으면 세계사적인 사건이 되고도 남았을 것이다.

근대에 쾰른의 인구가 2만 명으로 추산된다고 하니, 내가 일하는 서울대학교 관악캠퍼스만으로도 이전 시대에는 대도시에 해당한다. 기독교권 유럽 문명이 일치단결하여 이슬람권 터키와 일대 충돌한 레판토 해전에서는 양측 합하여 10만 명의 해군이 싸웠다고 한다. 그런데 이것을 오늘날의 비율로 환산하여보면 100만 명이 해전을 벌인 것에 해당한다.

우리 학문의 뿌리가 약하다고 한다. 당장 돈이 되는 분야에는 집중 투자하여 금방 과실을 따먹으려고 한다. 그러나 뿌리가 약한 나무에 계속해서 열매가 맺힐 리 없다. 눈에 안 보이더라도, 화려한 각광을 받지 못하더라도 가장 기본적인 분야가 튼튼히 받쳐주어야 다른 분야도 살게 된다. 역사인구학 혹은 인구사라는 분야가 그와 같은 사례가 될 것이다. 체력과 기본기가 없는 축구팀이 제대로 경기를 할 수는 없다. 이제는 이런 기본 분야에도 눈을 돌릴 때가 되었건만.

보론

인구사의 연구 현황을 살펴보기 위해 하나의 사례를 살펴보도록 하자. 다음 그래프들은 프랑스인구사센터INED에서 과거의 인구 동향에 대한 대규모 조사를 한 결과의 일부다. 이 그래프들은 결혼, 출산, 사망 등의 월별 동향을 나타내고 있다. 달마다 일수의 차이

(28일부터 31일까지)가 있다는 점을 감안하여 통계 처리를 해서 평균 100인 지수를 만든 것이다. 그래서 지수 100 위로 높이 올라갈수록 다른 달에 비해 결혼, 출산, 사망이 많았다는 점을 나타내고 지수 100 아래로 많이 내려갈수록 다른 달에 비해 그것들이 적었다는 것을 나타낸다. 이를 통해 기본적인 인구 요소들의 변동에 계절별 변화가 있는가, 지리적 차이가 있는가, 또 그런 게 있다면 그 원인은 무엇인가, 그 외의 문화적·관습적 요인들은 무엇인가 등을 추적할 수 있다.

1. 결혼

첫 번째 그래프를 보자. 16세기와 18세기의 월별 결혼을 보여주는 이 그래프를 보면 이 시기 프랑스에서 결혼은 아무 때나 하는 게 아니었음을 알 수 있다. 1월, 2월, 11월이 사람들이 가장 많이 결혼을 하는 달이고, 3월, 4월, 12월이 가장 결혼을 피하는 달이다. 결혼을 피하는 이유는 무엇보다 종교적인 이유에서다. 12월의 크리스마스 시즌과 부활절 전 사순절(3월 22일~4월 25일)에는 교회에서 결혼을 금했던 것이다. 게다가 여름에도 결혼을 피하는데(8월, 때로는 9월까지), 그 이유는 이 시기가 농번기이기 때문이다. 5월에 결혼을 많이 할 것으로 예상할지 모르지만 사실 많은 지역에서 5월을 불길한 기간으로 여겨 이때에도 결혼을 피했다.(5월은 음기가 강한 기간이라 이때 여성들이 기운이 세고 그래서 이때 결혼을 하면 남자가 쥐여 산다고 믿었다. 5월에 여성 축제가 많은 것도 이런 연유다.) 따라서 이런저런 이유로 결혼을 피하는 기간을 제외하고 나면 1~2월과 11월에 결혼을 가장 많이 하게 된다.

월별 결혼 동향

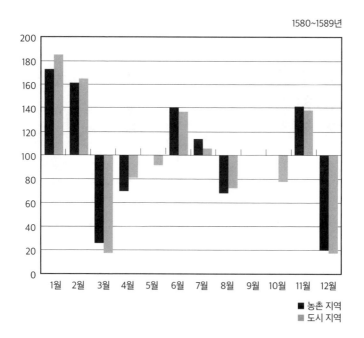

1580~1589년

■ 농촌 지역
■ 도시 지역

2. 아이 만들기

두 번째 그래프는 세례 자료를 가지고 만든 것이다. 세례를 했다는 것은 그 얼마 전에 아이가 태어났다는 것을 뜻하고, 그것은 또 그로부터 9개월쯤 전에 임신했다는 것을 의미한다. 그러나 태어난 지 얼마 후에 세례를 받았느냐는 사람마다 차이가 날 것이므로 이 자료로부터 엄밀한 임신 날짜를 계산할 수는 없다. 여기에서는 임신과 세례 사이의 기간을 9개월로 가정한 것이다.

임신한 달을 보면 시골에서는 5~6월, 12~1월 순으로 많고 대신 9~10월은 적다는 것을 알 수 있다. 왜 그럴까? 5~6월의 경우는 일단 사람의 자연스러운 신체적 요인을 생각해볼 수 있다.(봄이

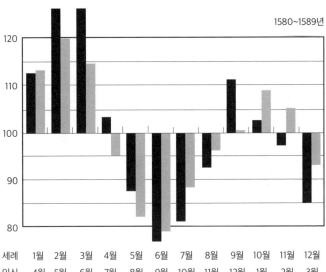

월별 출생과 임신

1580~1589년

| 세례 | 1월 | 2월 | 3월 | 4월 | 5월 | 6월 | 7월 | 8월 | 9월 | 10월 | 11월 | 12월 |
| 임신 | 4월 | 5월 | 6월 | 7월 | 8월 | 9월 | 10월 | 11월 | 12월 | 1월 | 2월 | 3월 |

니까! 몸이 부르니까!) 이에 비해 9~10월은 왜 적을까? 농번기라는
점이 작용했을 것이다.(피곤하니까!) 그렇다면 3월은 왜 적을까? 결
혼 그래프에서 보듯이 3월에 원래 결혼을 잘 안 한다는 점이 중요한
한 요인이다. 여기에 더해서 부활절과 그 이전 기간 동안에는 육체
관계를 하지 말라는 교회의 가르침도 작용했다. 그렇지 않아도 금
식 기간이므로 육체관계를 할 기운도 없었을 것이다.

3. 죽기

전반적으로 보면 9~11월 그리고 늦겨울부터 초봄(1~4월) 순으
로 많은 사람들이 죽는다. 반대로 늦봄부터 초여름까지(5~8월)에
는 잘 안 죽는다. 그런데 사망률이 높은 집단은 아이들과 노인들의
두 집단이므로 이를 나누어 살펴보아야 한다.

월별 사망 동향

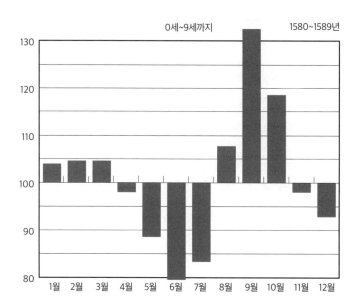

0세~9세까지   1580~1589년

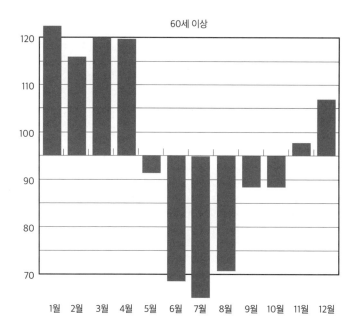

60세 이상

0~9세 사이의 아이들은 9월에 많이 죽는다. 이때 장염과 열병이 기승을 부리기 때문이다. 게다가 농번기인 이 시기에 어머니가 바빠서 잘 보살피지 못한다는 점도 사망률이 높은 중요한 요인이다. 이에 비해 노인들은 겨울에 많이 죽는데, 추위 때문에 폐병이 많이 발생하기 때문이다.

이상 몇 가지 간단한 요인들을 살펴본 데에서 알 수 있듯이, 인구 동향은 문자 그대로 사람 수만 헤아리고 끝나는 것이 아니라, 사회의 중요한 요소들과 긴밀한 관련을 맺고 있다. 따라서 인구 정보는 그 사회의 가장 기본적인 측면들을 파악하는 핵심적인 지표다.

살아라 그리고 기억하라

「쇼아」, 고통의 기억

토요일 아침 10시, 10여 명의 학생들이 모여들었다. 이날 우리는 유대인 학살을 다룬 9시간 30분짜리 영화 「쇼아」를 보기로 했다. 혼자서는 그 긴 시간을 인내하며 이 영화를 본다는 것이 거의 불가능에 가깝기 때문에 이렇게 여러 사람이 작심하고 모여서 서로를 달래가며 보는 수밖에 없었다. 까만 커튼을 치니 교실은 곧 가스실 내부처럼 어둡고 우중충해졌다. 저녁 7시 반에 술 마시러 갈 때까지 우리는 이런 상태에서 '고통스러운 기억의 영화'를 고통스럽게 지켜보았다.

이 영화의 구성과 내용은 실로 단순하기 짝이 없다. 감독은 유대인 학살의 생존자들, 나치 가담자들 그리고 이 학살의 과정을 지켜보았던 폴란드인들을 찾아다니면서 인터뷰를 한 것이다. 그리고 인터뷰 중간에 지금은 폐허로 변해버린 학살 현장의 신scene(장면)이라든지 혹은 그곳을 향해가는 기차를 나타내는 신 등이 간간이 삽

You are about to see one of the most important, affecting, talked-about films of the decade—Claude Lanzmann's monumental epic on the Holocaust, SHOAH.

SHOAH contains none of the horrifying images we expect from a film about the Holocaust. Instead we are presented with an assemblage of witnesses—death camp survivors and Nazi functionaries whose combined testimony amounts to one of the most shattering human documents ever recorded.

SHOAH tells the untellable, makes us believe the unbelievable. Yet SHOAH is never morbid—it is infused throughout with a seemingly miraculous appreciation for the beauty and meaning of life.

SHOAH is an experience you'll never forget.

SHOAH
A FILM BY CLAUDE LANZMANN

A New Yorker Films Release © 1985

영화 「쇼아」 포스터. 영화에서 인터뷰 외에는 어디론가 향해서 움직이는 기차의 신이 거의 유일하다. 이것은 알 수 없는 미지의 장소로 우리를 끌고 가는 숙명적인 힘을 느끼게 하는 효과를 낸다.

입되어 있을 뿐이다. 그러므로 관객들은 거의 무한에 가깝게 반복되는 인터뷰를 차례로 듣고 보게 된다. 물론 그 내용은 지옥을 경험하고 온 사람들의 이야기답게 우리의 가슴을 짓누른다.

어떤 유대인은 수용소에서 차출되어 땅에 묻은 시체를 파내는 일을 하게 되었다. 나치는 이전에는 사람들을 죽인 다음 땅에 집단으로 파묻었는데, 증거를 없애기 위해 이제 그 시체들을 도로 파내서 소각하기로 결정한 것이다. 하여튼 이 사나이는 그 일을 하는 대가로 그 시간 동안만이라도 목숨을 연장하고 있었다. 땅을 파내려 갈수록 시체가 점점 "얇아지고" 부슬부슬 부스러지는 일이 일어난다.

그런데 어느 날 그가 파낸 시체 중에 다름 아닌 아내의 시체가 나오는 것이 아닌가! 그는 아내의 시체를 꺼내 옆에 누이고 곁에 서 있는 나치 병사에게 차라리 자기도 죽여달라고 눈물로 애원을 한다. 그런데 그 나치 병사는 이렇게 말한다.

"너는 일할 힘이 있으니까, 아직은 안 죽여."

여러 사람이 공통적으로 가장 인상 깊게 느낀 이야기 가운데 하나는 아브라함 봄바의 증언이다. 나치들의 입장에서는 한두 시간만에 몇백 명씩 계속 죽이고 소각하는 일을 지속해야 했기 때문에 가장 중요하게 신경을 썼던 부분이 가스실로 가는 사람들이 마지막 순간까지 자신이 곧 죽는다는 사실을 모르도록 조치하는 것이었다.(사실 한 시간 안에 자신이 죽는다는 것을 사람들이 알면 어떻게든 저항할 것이고 그렇게 되면 나치들이 '일하는 데' 지장을 받을 것이다.) 그래서 전직 이발사들을 모아서 대기실에서 사람들의 머리를 깎는 척했다.

봄바가 일한 곳에는 여자들 몇백 명이 벌거벗은 채 밀려들어왔다. 그러면 그를 비롯한 이발사들이 짧은 시간 동안 대충 머리를 깎는다. 그러고는 옆방에서 소독을 하게 되어 있다고 속이고는 가스실로 밀어 넣는 것이다. 그런데 어느 날, 그와 함께 일하던 동료는 기막힌 일을 경험한다. 아내와 여동생이 그곳에 들어온 것이다.

이런 이야기도 있다. 한 유대인은 간수 보조원 일을 하고 있었다. 물론 그는 가스실로 가는 사람들에게 진실을 절대 말하지 말아야 했다. 그런데, 어느 날 자기 마을의 여자를 만나게 되었다. 그 여자에게 당신은 이제 30분 뒤면 재로 변할 것이라고 말해주었다. 이 여자는 같이 있던 여자들에게 큰소리로 그 사실을 말했다. 그러나 누구도 그 사실을 믿으려 하지 않았다.

그러자 이 여자는 히스테리 상태에서 남자들 무리로 달려가서 큰소리로 "우리는 곧 죽는다"고 소리 질렀다. 그러나 역시 누구도 그의 말을 믿지 않았다. 결국 이 남녀 무리는 다른 사람들과 마찬가지로 가스실을 거쳐 화장터에서 재가 되었다. 단, 그 여자는 따로 불러내어 아주 가혹한 고문을 가해 간수 보조원 중에 누가 그 말을 했는지를 알아냈다. 그 이야기를 발설한 남자는 결국 산 채로 화장터의 불가마에 던져졌다.

지금부터 50년 전에 인류는 이토록 엄청난 학살극을 겪었다. 그러나 그것을 누군가가 기록하지 않는다면 그 사건은 기억에서 멀어져가고 결국 잊힌다. 고통의 기억을 간직한다는 것은 고난을 겪었던 한 민족의 정체성의 핵심 사항이다. 클로드 란즈만 감독이 이 영화를 만들기 위해 11년 동안 총 350시간 분의 인터뷰를 한 것은 그 고난의 기억을 지켜내려는 처절한 싸움이었다.

그런데 여기에서 한 가지 더 지적해야 할 사항이 있다. 600만 명의 유대인이 가스실에서 죽었다는 사실은 웬만한 사람들이 다 알고 있다. 그리고 그에 대해서는 당시의 사진이나 다른 영상 자료, 혹은 증언들이 숱하게 존재하고 있으며, 또 이를 소재로 한 극영화도 많이 만들어졌다.

그러나 이 영화처럼 엄청난 충격을 주는 작품은 드물다. 그 어떤 것이 이 영화에 그와 같은 힘을 주는 것일까? 다름 아닌 인간의 육성肉聲과 표정이다. 이것이야말로 가장 강력한 표현 수단인 것이다. 그 시기를 직접 경험했던 사람들이 이야기를 할 때 저절로 드러나는 찡그림, 한숨과 눈물 그리고 그들의 그 목소리들! 진실의 힘은 그 어떤 극적인 드라마보다 더 극적이다.

이 영화는 출시 당시부터 전 세계적으로 논란의 대상이 되었고, 엄청난 지적 충격을 던져주었다. 그리고 이 영화에 대해서는 찬탄과 동시에 수많은 비판이 이어졌다. 예컨대 이 영화는 폴란드인들에 대해 지나칠 정도로 가혹한 비판을 가하고 있고, 독일인과 여타 민족에 대한 증오에 근거해 있으며, 결국 유대인의 고난만을 절대화하는 신학적인 구조를 가지고 있다는 것 등이 대표적인 비판의 사례다.

그러나 일단 그런 비판을 접어두도록 하자. 여기에서 주목하고 싶은 것은 약간은 단순한 차원의 것이다. 그것은 이 영화를 만든 이들이 가지고 있는 처절할 정도의 역사의식, 곧 한 민족의 기억을 지키고 공유하려는 엄청난 노력이다. 그 어떤 엄청난 사건도 우리의 기억 속에 살아남아 있을 때에만 의미를 갖기 때문이다.

일본, 서구의 그림자

「가케무샤」

'본체가 없는 그림자의 고뇌.'

구로사와 아키라黑澤明 감독의 영화 「가케무샤影武者」를 보고 난 뒤에 드는 첫 느낌은 우선 이것이었다.

그러나 그 고뇌는 도대체 무엇에 관한 고뇌였을까? 우리 모두는 영원한 진아眞我로부터 떨어져나온 불완전한 그림자에 불과하고 결국 거스를 수 없는 힘 앞에서 스러진다는 비장한 숙명주의 같은 것일까?

그럴지도 모르겠으나 역사가라는 직업을 가지고 있는 나로서는 이 영화가 서구 문명을 받아들여 일본의 근대화를 추진해가는 일본사日本史의 자기 정체성에 대한 영화인의 물음으로 비쳐졌다.(영화 하나도 맘 놓고 편하게 보지 못하는 것은 분명 나와 같은 직종의 사람들이 심하게 앓고 있는 직업병이다.)

때는 일본 센고쿠시대戰國時代(무로마치막부室町幕府 말기인 15세기

중반부터 16세기 후반까지 일본에서 정치적·사회적 변동이 극심했던 내란의 시기) 말기. 여러 강력한 다이묘大名들이 막강한 군사력을 가지고 서로 대립하고 있다. 그중 가장 강력한 파벌의 하나가 다케다 신겐武田信玄 파이고, 이에 대항하기 위해 오다 노부나가織田信長 파와 도쿠가와 이에야스德川家康 파가 연합하여 대치 중이다.

여기에서 잠깐 먼저 언급할 일이 있다. 유럽이든 일본이든 봉건 시대를 이해하는 빠른 길은 오늘날의 깡패 조직을 연상하는 것이다. "보호와 충성의 서약을 한 기사들이 계서제階序制를 이룬 채 지방을 할거하여 분권적인 통치를 한다"는 식의 교과서 기술은 '형님 동생 하며 서로 죽기 살기로 맹세한 칼잡이들이 패거리를 이루어 땅을 갈라 먹고 그곳에서 주민들을 갈취하며 살아간다'로 이해하면 편하다. 이 영화의 배경도 '양은이파에 대해서 신명동파와 막가파가 연합하여 신사동에서 한판 붙었다'와 본질적으로 다르지 않다.

다시 영화로 돌아가자. 어느 날 밤 다케다 신겐이 저격을 당해 죽고 만다. 그는 죽기 전에 자기 파의 미래를 위하여 자신의 죽음을 3년 동안 숨기고 그 3년 동안 절대로 군사를 움직이지 말라는 유언을 한다. 다이묘의 죽음을 숨기기 위해 우연히도 그와 생긴 모습이 비슷한 도적을 한 명 데려와 연습을 시켜 대역을 맡게 했다. 이 가짜 무사를 가케무샤, 즉 그림자 무사라 한다.

일자무식의 도둑 출신인 이 그림자는 처음에 그 역할을 하느니 차라리 죽겠다고 버티다가 진짜 신겐의 장례식을 보고는 기꺼이 그의 역할을 대신하겠다고 나선다. 그 역할을 어찌나 잘했는지 적들은 물론이고 손주, 애첩들까지 모두 그를 진짜로 오인하고 만다. 그러나 이 가짜가 비록 진짜 다이묘 역할을 아무리 잘해도 그림자는

일본식 화승총인 종자도총(種子島銃)을 사용하는 아시가루(足輕)들.

영원히 본체가 되지는 못 한다. 그는 밤에 진짜 신겐을 만나는 악몽에 시달린다.

그러다가 너무 '오버'한 가짜가 진짜 신겐의 말을 타다가 낙마하여 가짜임이 들통난다. 그 후 사태는 급진전하게 되었으니, 여태 가짜 아버지에 눌려 기를 못 피던 아들이 이참에 그림자를 내쫓아버리고 자신이 군대를 직접 지휘한다. 그는 아버지의 의견을 따르지 않고 군대를 움직여 적을 치려고 했으나, 아버지 신겐의 예상대로 이것이 그의 몰락을 초래하고 만다. 나가시노長篠 전투에서 그의 기병대는 적의 소총 부대에 의해 완전히 몰살당한다.

이 영화에서 특히 눈에 띄는 몇 개의 대목이 있다.

첫째는 오다 노부나가의 군대 내에 서양 신부가 들어와 있는 부분이다. 그의 군대가 출진할 때 이 신부들이 그 군대에게 축성을 해주자 오다 노부나가가 큰소리로 "아멘" 하고 답한다.

둘째는 오다 노부나가와 도쿠가와 이에야스가 만나 이야기를 하면서 서양 포도주를 마시는 장면이다. 오다 노부나가는 도쿠가와 이에야스에게 "이건 사람 피가 아니오. 포도주라는 거요" 하면서 한 잔을 건네는데 포도주를 처음 마신 도쿠가와 이에야스는 그 비릿한 첫맛에 상을 찌푸린다. 그러나 조만간 그는 서양의 맛을 알게 되리라.

셋째는 나가시노 전투 장면이다. 이 장면은 영화미학적으로도 대단히 멋지게 처리되었지만, 그 와중에서도 눈에 들어오는 것은 연속 발사 방식으로 총을 쏘는 기술이다. 이 시기의 총이라는 것은 한번 쏘고 다시 장전하는 데 몇 분이 걸렸다. 그러니 한 번 쏘고 난 다음에 적군이 달려들면 속수무책이 된다. 이 약점을 극복하는 방법은 소총수들을 여러 줄로 만들어서 첫 줄이 사격을 하고 뒤로 빠지면 다음 줄의 소총수들이 앞으로 나와 쏘고 다시 그다음 줄의 소총수들이 나와서 쏘게 하는 것이다.

이 방식은 유럽의 경우 1590년대에 네덜란드에서 처음 개발된 것으로 알려져 있다. 그런데 놀랍게도 일본에서는 그보다 수십 년 앞서 독자적으로 이 기술을 개발한 것이다. 영화에서는 그 부분이 비교적 정확하게 그려져 있다. 이제 귀족적인 기사들이 농민이나 도시 하층민에서 충원된 보병들(이를 아시가루足輕라 한다)에게 패배하는 일이 벌어진다.

1543년에 포르투갈인이 가지고 들어온 조총은 이렇게 사회 전반을 변화시켰고, 이렇게 힘을 배양한 일본은 그 여세를 몰아 바깥으로 팽창하려고 했다. 그러므로 이 전투는 일본 근대사만이 아니라 한국과 중국을 포함하는 동아시아의 역사에서도 중요한 의미를 가지는 전투다. 그와 같은 전투를 거치며 일본의 천하 통일을 이룬 도요토미 히데요시豊臣秀吉는 강력하게 결집된 힘으로 중국을 지배하겠다는 야심을 가지고 조선 침략을 감행했다(임진왜란). 그리고 조선에 대규모 원군을 보낸 명나라는 이 때문에 기력이 더욱 쇠진하여 몰락을 재촉하게 되었다.

그런데 이 영화에 대한 최원식 선생의 코멘트가 재미있다. 일본 열도 통일의 3대 주인공을 흔히 거론하지만 이 영화에서는 그중 두 명만 등장하고 임진왜란을 일으킨 도요토미 히데요시는 빠져 있다. 즉 이 영화는 일본이 어떻게 서구를 받아들이는가를 고민하지만 아시아 침탈에 대해서는 아예 언급도 되어 있지 않은 것이다. 이 점은 구로사와 감독이 일본보다도 오히려 미국이나 유럽을 지향하고 있으며 실제로 그의 작품이 늘 해외에서 더 큰 호응을 얻었다는 점과도 무관하지 않은 듯하다.

그렇게 보면 이 영화의 제작과 관련된 에피소드도 범상치 않다. 이 영화에 대한 아이디어를 접한 일본 영화사들은 600만 달러에 달하는 제작비를 투자할 엄두가 나지 않았다. 그러자 평소 구로사와 감독을 존경하던 프랜시스 포드 코폴라와 조지 루카스가 이십세기 폭스사와 접촉하여 이 작품의 제작을 주선하고 더 나아가서 일본 외의 해외 보급판의 공동 제작까지 직접 담당했던 것이다. 말하자면 구로사와 감독은 아시아를 뛰어넘어 구미로 들어간다는 탈아입구脫亞入歐의 주제를 다룰 뿐 아니라 그 스스로 이를 잘 수행한 셈이다.

그러나 일본이 '아시아의 악우惡友들'을 떨쳐버리고 유럽에 합류

하는 것이 가능할까? 오늘날 일본이 다른 아시아 국가들에 비하면 훨씬 힘도 강하고 세련된 미를 가지고 있다는 것은 부인할 수 없지만, 그렇다고 일본이 준백인準白人이 되는 것은 아니다. 우선 자기네가 백인인 척하려고 하는 것 자체가 뭔가 마땅치 않다. 아시아를 잊으려 한다고 해서 잊히는 것이 아니다. 최소한 자신들의 아시아 침탈이 '해방'을 위한 전쟁이었다는 식의 억지를 부려서는 안 된다.

이런 점에서 반성과 심사숙고가 없다면 일개 무식한 도둑 놈이 영주의 그림자 무사가 된다고 한들 영원히 그림자에 불과하게 된다. 영원한 본체는 도저히 도달할 수 없는 저 멀리에 있으니, 그림자의 고뇌가 어찌 비장하지 않겠는가?

영화와 프로파간다

소련의 영화

"모든 예술 가운데 영화가 가장 중요하다."(레닌)

"영화는 가장 중요한 대중 선동 수단이다."(스탈린)

"영화는 최상의 프로파간다 도구다." (트로츠키)

영화의 중요성을 언급한 소련 지도자들의 이런 언급에다 나치의 선전부장 요제프 괴벨스가 한 다음의 말을 추가할 수 있을 것이다.

"영화는 대중들에게 영향을 미칠 수 있는 가장 근대적이고 가장 파급력이 큰 매체다."

영화의 힘에 눈뜨고 그것을 적극적으로 활용한 점에서는 소련 정부나 나치 정부나 큰 차이가 없었다. 물론 이들의 관점은 영화를 고급 예술이라든지 즐거운 오락으로 보는 것과는 거리가 멀다. 이들은 다수의 사람들에게 자신들의 가치와 생각을 불어넣을 수 있고, 그래서 그들을 원하는 방향으로 이끌 수 있다는 점에서 영화가 중요하다고 보았던 것이다. 한마디로 말해서 영화는 가장 힘 있는 프로파간다 수단이었던 것이다.

소련의 정치 지도자들이 왜 영화에 그토록 큰 중요성을 부여했는지는 당시의 사정을 생각해보면 쉽게 이해할 수 있다. 1917년에 10월 혁명이 성공을 거두었다고는 해도 정국은 계속 내전 상태였고, 광대한 지역이 아직 반혁명 세력의 지배하에 놓여 있었다. 집권 세력으로서는 어떻게 해서든지 사람들을 혁명에 동조하도록 유도해야만 했다. 그러나 당시 상황에서 그것은 실로 엄청난 일이었다.

이런 일화가 있다. 혁명이 일어난 지 2년 뒤인 1919년에 레닌의 부인 나데즈다 크룹스카야가 볼가강을 따라 여행을 떠났는데, 어느 지역에 가보니 사람들이 이때까지도 볼셰비키가 뭔지, 소비에트가 뭔지 전혀 모르고 있었다. 그러니 이런 상황에서 도대체 어떤 수단을 써서 사람들을 혁명으로 이끌어들인단 말인가? 거의 대부분의 사람들이 문맹으로 남아 있었고, 더구나 소련 내에는 수많은 언어가 존재했다. 따라서 이전의 활자 매체로는 도저히 사람들의 생각과 마음을 끌어들일 수가 없었다. 여기에서 가장 효과적으로 여겨진 것이 바로 영화였다.

이런 목적에서라면 당시의 영화, 특히 무성영화는 가외의 장점이 있었다. 우선 시각 매체였으므로 사람들이 쉽게 내용을 이해할 수 있었다. 특히 무성영화는 언어가 다른 지역에서도 그림만으로 내용을 이해할 수 있었다. 또 한 가지는 아직도 영화는 최신 기술이었기 때문에 —시골에 가면 당시까지 영화를 한번도 보지 못한 사람들이 거의 대부분이었다— 사람들에게 영화를 보여줌으로써 새로운 정권이 진보적이라는 느낌을 심어줄 수 있었다.

이런 이점을 안고 소비에트 정권은 영사기와 영화 필름을 가지고 전국을 누비고 다녔다. 지금 생각해보면 이 방식에는 낭만적인 요소가 없지 않다. 이름하여 '선동 열차'가 그것이다. 영화와 각종 책자, 팸플릿 등 선전물을 실은 열차가 지방으로 내려간다. 그곳에서 사람들에게 교육을 시키고 선전 책자도 나누어주고, 저녁에는 영사 시설을 갖춘 객차에 사람들을 올라오게 해서 필름을 보여주는 것이다. 시골 사람들은 소련 지도자들의 모습을 이때 처음으로 보았다. 따라서 주로 뉴스영화 필름에서 보여주던 당시 레닌은 거의 신적인 모습으로 연출해 놓았다고 한다.

이렇게 영화가 중요한 역할을 수행할 수 있었다고는 하나 가장 큰 문제는 당시 소련이 워낙 열악한 상태에 있었기 때문에 새로운 영화를 많이 생산하지 못했다는 점이다. 할 수 없이 1924년부터 외국 영화를 다시 수입하게 되었으니, 놀랍게도 혁명 후 소련의 주요 도시에 있는 극장가는 할리우드 영화가 완전히 지배하게 되었다. 당시 사람들은 찰리 채플린, 더글러스 페어뱅크스, 메리 픽포드 등 미국의 배우들이 나오는 코미디 영화를 가장 좋아했고, 심지어 『프라우다』지에 할리우드 영화 광고가 크게 실리기도 했다.

이 시기에 트로츠키가 "영화를 장악해야 한다", "이토록 우리가 무력하게 영화에 손을 대지 못하고 있으니 우리는 얼마나 바보인가" 하는 탄식을 한 것도 그 때문이다. 소련 영화가 본격적으로 제자리를 잡는 동시에 당이 영화의 내용을 통제하는 것은 1920년대 후반에 들어와서의 일이다. 이제부터는 외국 영화를 내몰고 소련 영화를 상영할 수 있게 되었고 더 나아가서 사람들이 소련 영화를 보도록 사실상 강제하기에 이르렀다.

여기에서 문제가 되기 시작한 것이 소련 초기 영화감독들과 당

예이젠시테인 감독의 영화 「전함 포템킨」(1925) 포스터. '1905년 혁명' 20주년 기념으로 만들어졌으며, 사회주의 혁명 선전 영화로 만들어졌다.

국의 갈등이다. 다름 아니라 영화 「전함 포템킨」을 만든 세르게이 예이젠시테인이 가장 대표적인 사례다. 1925년 작 「전함 포템킨」은 독일을 비롯한 서구 각국에서 벌써 사회주의 혁명의 대의를 옹호하는 내용을 가진 위대한 영화 작품으로 인정받고 있었다.

그러나 당국이 보기에 이 작품은 당의 공식적인 혁명관, 혹은 당이 원하는 해석과 달랐다. 한마디로 예이젠시테인의 영화에서는 민중이 주인공이었다. 그러나 당이 원하는 것은 어느 한 위대한 인물이 혁명을 주도하는 것으로 그리는 것이었고, 특히 그 당시에 권력을 잡은 지도자들이 혁명 때부터 뛰어난 활약을 보인 것으로 등장해야 했다. 그런데 그의 작품은 그것과는 거리가 멀었다.

또 한 가지 결정적인 문제는 이런 작품들이 너무나 어렵다는 점이다. 최고 수준의 지식인인 이 감독은 그야말로 역사에 길이 남을

예이젠시테인 감독의 영화 「10월」(1927). 10월 혁명 10주년 기념으로 소련 정부가 예이젠시테인 감독에게 주문한 대작으로, 영화가 정권의 압력을 받아 선전물로 변질해 가는 과정에서 중요한 의미가 있는 작품이다.

위대한 작품을 만들고자 했다. 그러나 그 결과는 오늘날의 시점에서 볼 때에도 많은 부분에서 곧바로 이해가 되지 않는, 상당히 고도의 상징을 구사한 것이었다. 그리하여 "30년 뒤에나 이해할 작품이 아니라 지금 여기에서 이해할 작품", "수백만 명이 이해할 수 있는 작품"을 만들라는 비평을 자주 듣게 된다.

우리나라에 널리 알려진 작품은 아니지만, 예이젠시테인의 「10월」은 이 시기의 분위기를 잘 보여주고, 또 앞으로 소련 영화 또는 더 넓게 문화 일반이 어떤 방향으로 나아갈 것인지를 보여준 작품이다. 10월 혁명 10주년을 기념하여 당이 예이젠시테인에게 의뢰한 이 작품은 여러 가지 흥미로운 점들을 가지고 있다.

우선 이 영화는 기본적으로 지적 엘리트가 만든 '어려운' 영화의 특징을 그대로 안고 있다. 유리 조각으로 만든 공작이 날개를 치면서 움직이다가 뒤로 도는 장면 바로 뒤에 알렉산드르 표도로비치 케렌스키(10월 혁명 전의 임시정부 수반)가 차르의 방으로 들어가는 장면을 이어붙임으로써, 오만하지만 깨지기 쉬운 인물이 혁명을 탈취하여 자기가 황제가 되려는 욕심을 가지고 있다는 사실을 말한다는 점은 당시의 농민과 노동자들은 거의 이해하지 못했을 것이다.

더구나 이 공작이 뒤로 돌면서 날개를 들어올릴 때 문을 통과한다는 것이 공작의 항문으로 들어간다는 것을 암시한다는 점은 요즘의 웬만한 영화 분석가들도 놓치기 쉬울 것이다. 당시의 비평가들과 당 인사들이 모두 이 점을 지적하고, "수백만 명이 이해할 만한" 영화를 만들어야 한다고 떠들기 시작했다.

그러나 그보다 더 중요한 점은 이 영화에서 레닌의 우상화가 시작되고 있다는 점이다. 수많은 사람들이 기차역에 도열하여 있고 서치라이트가 긴박하게 돌아가는 장면 뒤에 레닌이 등장하면서 사람들은 환희에 들떠 만세를 부른다. 이런 식으로 레닌은 세상을 구한 신적인 영웅의 이미지를 본격적으로 띠게 되는 것이다. 레닌의 우상화는 곧 스탈린의 우상화와 직결된다. 영화에서 회의 장면을 보면 레닌의 바로 옆에는 늘 스탈린이 붙어 앉아 있다. 레닌은 스탈린을 "데리고 다니면서", 또 그와 상의해가면서 혁명을 완수하는 것이다.

혁명 당시에는 스탈린보다 우월한 지위에 있었던, 그러나 나중에 스탈린에 의해 숙청되고 자객에게 암살당하는 트로츠키는 어떤가? 그는 결정적인 순간에 혁명을 일으켜서는 안 된다는 빗나간 말만 하다가 레닌에게 야단맞는 악역을 맡고 있다. 이 시기의 영화에서는 곱슬머리, 동그란 안경, 매부리코를 가진 트로츠키 비슷한 인물이 대개 '나쁜 편'이라고 보면 된다. 이 시기에 영화는 벌써 정치적 판단에 휘둘리고 있었다.

그러나 정작 당이 보기에는 이런 우상화가 너무 약해빠졌다는 점이 문제였다. 이 영화만 해도 레닌은 물론 혁명의 주인공이지만 그는 대중들 가운데 묻혀 있다. 혁명의 진짜 주인공은 여전히 민중인 셈이다. 1930년대에 들어가서 스탈린의 우상화가 본격화될 때 여전히 민중의 자발성을 주장하려던 예이젠시테인은 비판당하다 못해 영화 제작을 아예 거부당하는 지경에 이르렀다.

영화는 정말로 영향력이 큰 예술·산업·오락 매체다. 바로 지금 이 순간에도 전 지구적으로 몇백만 명의 사람들이 영화관에 앉아 있다. 바로 그런 이유 때문에 권력은 영화를 통제하고 조정하려고 한다.(우리의 경우에도 "부자와 가난한 자가 한 화면에 나타나서는 안된다"는 식으로 철두철미하게 검열을 한 결과 한때 의식 있는 영화들은 죽어버리고 '벗기는 영화'만이 판을 치게 되었다.)

그러나 영화는 사후事後에라도 복수를 가한다. 당시에는 전혀 의식하지 못했겠지만 오늘날 이런 시대의 영화를 분석해보면 그 시대의 진정한 면모를 읽을 수 있다. 그것을 읽어내는 것은 영화인과 역사가 공동의 몫이다. 영화는 현대사의 중요한 사료가 되어 마땅하다.

제2부

문학 속의
역사

'나'를 만나는 두려움

소포클레스의 「오이디푸스」

1. 공포 속의 나

고대 그리스의 철학자 탈레스에게 알렉산드로스 대왕이 물었다.

"이 세상에서 가장 쉬운 일이 무엇인가?"

"남에게 충고하는 일이다."

"그렇다면 이 세상에서 가장 어려운 일이 무엇인가?"

"나를 아는 일이다."

그렇다. '나'를 아는 일이야말로 그 무엇보다도 어렵다. 그뿐 아니라 이 세상에서 가장 무서운 일이기도 하다. 사실 우리는 언제나 남을 보기만 하지 진실로 '나'를 되돌아보는 경우란 거의 없으므로 '나'는 이 세상에서 가장 가까우면서도 가장 낯선 존재일 수밖에 없다. 그래서 어떤 경우에든지 '나'를 직면하게 되는 경우에는 극도의 공포에 휩싸인다.

언젠가 이런 꿈을 꾸었다.

어둑어둑한 집이 한 채 있다. 문을 열고 들어가니 다시 문이 하나 있다. 그 문을 열자 방이 나오고 그 가운데 한 사람이 뒤돌아 서 있다. 그 사람이 천천히 뒤를 돌아보며 웃는다. 그런데 그 사람은 다름 아닌 '나'가 아닌가! 저 앞에 나 자신이 서서 나를 지켜보며 웃고 있다니.

그 공포스러운 나 자신과의 만남, 그것은 무의식적으로 피하려고 하지만 언젠가는 직면하지 않을 수 없다. 그러므로 이미 2천 년 전부터 고대 그리스 문명은 이렇게 말해왔다.

"너 자신을 알라."

소포클레스의 「오이디푸스」는 자신을 알아가는 공포스러운 경험을 이야기하는 작품이다.

2. 오이디푸스의 운명

「오이디푸스」의 배경과 기본 스토리는 어느 정도 잘 알려져 있다.

테베의 왕 라이오스는 아들을 못 가지는 운명이었으나 신의 뜻을 거스르고 기어이 아들을 원했다. 그러자 신은 이 아들이 아버지를 살해하고 어머니와 결혼하는 운명으로 만들어버렸다. 정작 아들이 태어났을 때 이런 신탁을 받은 라이오스 왕은 목동에게 아들을 살해하라고 지시했다.

그러나 어린 아기를 불쌍히 여긴 이 목동은 차마 죽이지 못하고 이웃 나라 코린토스의 목동에게 아기를 넘겨준다. 마침 아들이 없던 이 나라의 국왕에게 발견된 어린 오이디푸스는 결국 코린토스의 왕실에서 자라게 된다. 장성한 오이디푸스가 자신의 운명을 알아보기 위해 신탁을 받아보자 역시 마찬가지의 내용을 듣게 된다.

코린토스의 왕과 왕비를 자신의 아버지, 어머니로 알고 있던 오이디푸스는 이 운명을 피하기 위해 이 나라를 떠난다. 그는 방랑하던 중에 세 갈래 길에서 우연히 그의 친아버지인 라이오스 일행과 맞닥뜨려서 시비가 붙고 자신도 모르게 아버지를 살해하고 만다.

그러고는 흘러 흘러 자신이 태어난 테베로 가게 되었는데 이곳에서는 스핑크스라는 괴물이 길을 막고 사람들을 괴롭히고 있었다. 이 괴물은 지나가는 나그네에게 수수께끼를 던져 만일 그것을 못 풀면 그 사람을 잡아먹고, 누군가가 그 수수께끼를 풀면 스핑크스가 죽게 되어 있었다. 그런데 수많은 사람들이 스핑크스의 수수께끼를 풀지 못하고 죽었다.

오이디푸스는 이 수수께끼를 풀어서 스핑크스를 물리치고 그 덕분에 테베의 왕이 되었고 —전왕 라이오스는 국가의 재난을 이겨내기 위해 신탁을 받으러 가던 중 의문의 죽음을 당했다는 사실만 알려져 있었기 때문에 테베의 시민들은 마침 스핑크스의 재난을 푼 오이디푸스를 새로운 국왕으로 앉혔다— 전왕의 왕비인 이오카스테(즉 오이디푸스의 친어머니)와 결혼하게 되었다.

이렇게 해서 오이디푸스의 운명은 신탁대로 이루어지고 말았다. 이 사이에서 2남 2녀(에테오클레스, 폴뤼네이케스, 안티고네, 이스메네)가 탄생했으니, 이들은 따지고 보면 오이디푸스의 아들이자 동생 그리고 딸이자 누이동생이 되는 셈이다.

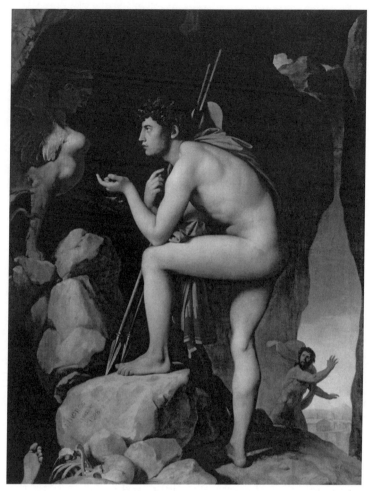

스핑크스의 수수께끼를 푸는 오이디푸스.

그런데 테베에는 새로운 재앙이 닥쳤다. 여자들은 아이를 유산하고 곡물은 자라지 않고 역병이 돌아서 시민들이 다 죽게 된 것이다. 계속되는 재앙을 이겨내기 위해 오이디푸스는 다시 신탁을 받아보았다. 그 신탁의 내용은 이 나라에 부정不淨한 자, 즉 전왕을 죽인 살인자가 있기 때문에 재앙이 일어난 것이므로 그자를 없애야 한다는 것이었다. 국가의 지배자로서 오이디푸스는 그놈을 기어이 잡아서 국가를 평안히 하겠다고 선언한다.

소포클레스의 극은 이 지점에서 시작된다. 오이디푸스는 만백 성을 모아놓고 그 죄 많은 자를 잡아서 처형하겠다고 선언한다. 그 러므로 이 극은 오이디푸스가 자기 자신을 찾아내가는 이야기가 된다.

조금씩 조금씩 여러 정보가 들어오고 그때마다 오이디푸스는 약 간씩 자신에 대해 알아간다. 그러고는 마침내 자신이 선왕을 살해 한 자이며 더구나 그 선왕이 자기 아버지이고 현재 한 침대를 쓰는 여인이 자기 어머니라는 사실을 깨닫는다. 왕비 이오카스테는 자살 하고 오이디푸스는 스스로 자신의 눈을 찔러 장님이 되어 이 세상 을 방황하게 된다.

3. 스핑크스의 두 번째 수수께끼

오이디푸스 이야기에서 흥미로운 요소 가운데 하나가 스핑크스 의 수수께끼다. 그 수수께끼 역시 널리 알려져 있다.

아침에는 네 발로 걷고 점심때에는 두 발로 걷다가 저녁에는 세 발로 걷는 동물이 무엇인가? 답은 물론 '인간'이다.

그런데 이 수수께끼를 그 많은 사람들이 풀지 못해서 괴물에게 잡아먹혔다고 한다. 한마디로 '목숨 걸고' 풀어야 할 수수께끼라는 뜻이다. 그런데 이 수수께끼가 과연 그렇게 어려운 난제였을까? 만 일 당신이 처음 이 문제를 받았다면 이 문제를 풀 수 있었을까? 사실 이 수수께끼 자체는 그다지 어려운 것으로 보이지는 않는다. 그토록 많은 사람들이 이 문제를 풀지 못하고 괴물에게 잡아먹힌 것 치고는 쉬운 문제가 아닌가?

여기에서 주목해야 할 점은 이 수수께끼의 의미가 무엇인가 하는 점이다. 이것은 결국 '인간이란 무엇인가'를 묻는 문제다. 즉 그토록 많은 사람들이 인간이란 어떤 존재인지, 인생이 무엇인지 해결하지 못하고 괴물 같은 인생 그 자체에게 잡아먹혔다는 뜻이다. 그런데 인생이라는 수수께끼는 어렵다면 어려운 것이지만 막상 용기를 가지고 풀려고 하면 의외로 쉽게 풀리고, 그러면 그 수수께끼는 사라지고 만다.

그런데 어떤 판본에서는 스핑크스의 수수께끼는 하나가 아니고 두 개로 되어 있다. 스핑크스의 두번째 수수께끼에 대해서 들어본 적이 있는가? 당신이 만일 이 수수께끼를 풀지 못하면 목숨을 내놓아야 한다고 할 때 자신 있게 풀 수 있었을까?

그 수수께끼는 이러하다. 언니와 동생이 있다. 언니는 동생을 낳고 동생이 언니를 낳는다. 이 자매는 누구인가?

답은 낮과 밤, 즉 '시간'이다. 우리가 정말로 풀어야 할 또 하나의 수수께끼는 시간이 무엇인가 하는 것이다. 우리는 모두 시간 속에 살아간다. 시간이 흐르면서 우리는 도저히 우리 힘으로 어쩔 수 없는 막무가내의 운명에 휩쓸려 들어가서 고통 받으며 살다가 늙고 병들어 죽는다. 그렇다. 인간은 시간을 벗어날 수 없다. 시간을 벗어나 있는 존재는 신밖에 없다.

4. 만물은 슬프다, 시간이 흐르는 곳에 …

그러므로 우리는 시간 앞에서 무력하고, 운명의 신이 정해 놓은 길에서 벗어날 수 없다. 자신도 모르는 새에 그토록 엄청난 죄를 저질렀다는 것을 뒤늦게 깨달은 오이디푸스는 이렇게 외친다.

"신이시여, 저에게 무엇을 하시려 하셨나이까?"

오이디푸스는 극의 처음에 '대왕'으로 나와서 만백성을 모아놓고 그들의 고통을 해결해주겠다고 선언한다. 그러나 극의 끝에서는 자기 자신의 문제조차 해결하지 못하고 결국 눈을 뽑아 장님이 된 채 온 세상을 방랑하는 추방자가 된다. 최상의 자리에서 최하의 위치로 급전락한 것이다. 수수께끼를 풀어 영광을 차지했다고 생각한 순간 그것이 곧 그의 파멸을 초래하는 새로운 수수께끼가 되어 그를 덮친다.

이 운명을 제대로 보고 있는 사람은 오직 장님 예언자 테이레시아스뿐, 눈뜬 사람들은 아무도 보지 못하고 있다. 오이디푸스가 마침내 운명의 길을 보게 되었을 때 그는 눈을 뽑아 장님이 되었다. 이 '암흑'을 가져다준 것은 '광명'의 신 아폴론이다. 우리 인생은 이처럼 아이러니의 연속인가?

우리의 삶이 이러할진대 인간이 할 수 있는 길은 자신의 운명을 받아들이며 사는 길밖에 없다. 그리스인에게 가장 중요한 말의 하나인 운명Moira의 원래 뜻은 자기 '몫'이다. 너에게 주어진 몫에 만족하고 그대로 살아가라. 그 이상의 몫을 요구한다면 그것은 신의 뜻과 운명의 힘, 섭리에 어긋나는 길을 가려는 것이고, 그것은 인간이 범하는 가장 큰 죄의 하나인 오만hybris을 범하는 것이다. 가장 슬기로운 일은 조화와 중용을 지키는 것이다.

우리는 모두 이렇게 강물에 떠내려가는 풀잎처럼 하염없이 휘몰리기만 하는 존재인가? 대부분의 사람들은 그럴지 모른다. 그러나 때로 그 엄청난 힘 앞에 과감히 맞서서 장렬히 부서지는 인간이 존재하는 법이다. 때로는 패배할 줄 알면서도 싸워야 하는 사람들도 있게 마련이다. 중요한 것은 우리가 도대체 어떤 존재인지 스스로 깨닫고 또 우리의 삶에 대해 책임을 지는 일이다.

우리는 소포클레스의 이 비극 작품을 보면서 도대체 오이디푸스에게 무슨 죄가 있어서 그토록 처참한 고통을 받아야 했는지 묻지 않을 수 없다. 물론 그는 성격이 급하고 그 결과 함부로 칼을 휘둘러 결과적으로 자신의 아버지를 살해했다. 또 어머니와의 사이에서 아이를 낳은, 생각하기도 힘든 죄악을 저질렀다.

그것이 진정 그의 잘못인가? 신이 원래 그렇게 정해 놓았다면 그것은 신의 뜻이 이루어진 것이지 오이디푸스의 잘못이라고 말할 수는 없다. 오히려 오이디푸스는 유덕하고 고귀한 인간의 풍모를 가지고 있기도 하다. 그는 올바르고 자비로운 왕이며 훌륭한 남편이자 아버지였다. 그리고 이에 더해서 진실을 갈구하는 용기를 가지고 있었다. 바로 이 진실에 대한 용기가 오히려 그의 몰락을 초래했다는 것이 비극이라면 비극일 따름이다.

그러나 오이디푸스는 자신의 책임을 다른 어느 누구에게, 혹은 신에게 돌리지 않았다. 비록 신이 우리에게 그런 운명을 예정해 놓았더라도 결국 나의 삶을 산 것은 나이므로 책임은 내가 질 수밖에 없다. 오이디푸스가 자신의 눈을 찌른 후 코러스(시민들)와 나눈 대화는 오이디푸스의 도덕성을 말해주는 절창絶唱이다.

코 러 스 오, 대왕이시여! 어떻게 이런 일을 하실 수 있었습니까? 어떻게 스스로 빛을 앗아갈 수 있었단 말입니까? 그 어떤 사악한 신이 이렇게 했습니까?

오이디푸스 아폴로 신이오. 그것은 아폴로 신이었소. 내게 이 고통, 이 괴로움을 준 것은 신이었소. 그러나 내 눈을 친 것은 나의 손이었소.

비록 우리가 한치 앞을 내다볼 수 없는 장님 같은 존재라 하더라도 우리는 우리의 길을 더듬어 나아갈 수밖에 없다. 나의 삶은 전적으로 나의 것이고 그에 따른 모든 책임은 내가 진다. 오이디푸스의 그 장렬한 쓰러짐을 보면서 연민과 동시에 그 어떤 위대함을 느끼게 되는 것은 인간이 한없이 무력한 존재이면서도 내가 나 자신을 알고 나 자신에 대해 책임질 수 있는 용기를 가졌기 때문이다.

고대 그리스의 여인들 1: 섹스로 세계 평화를

아리스토파네스의 「뤼시스트라테」

1. 전쟁과 여자

아리스토파네스의 「뤼시스트라테」가 처음 상연된 때는 기원전 411년. 아테네와 스파르타를 비롯한 그리스 전역에 전운이 감돌고 있었다. 이미 오랜 세월 동안 전쟁과 휴전을 거듭하면서 견원지간이 되어 있던 아테네와 스파르타 사이에 다시 불화의 기운이 번지고 있었던 것이다. 마치 남북한 사이의 관계와 비슷한 모양이었나 보다. 적당한 타협을 통해 모두 평화로운 삶을 살 수도 있으련만 당시 분위기에서는 국민감정이 극도의 흥분 상태로 치닫고 있었고 그래서 평화를 이야기하는 사람은 찾아보기 힘든 대신 강경파만이 득세했다.

전쟁이 일어나면 결국 아테네든 스파르타든 불행을 피할 길이 없다는 것이야 너무나도 분명하다. 그런데도 그 상황에서는 분위기가 자꾸 전쟁 쪽으로 몰려가고 있다. 이 얼마나 어리석은 일인가! 정녕 이 난국을 해결할 방법이 없단 말인가?

방법은 있다. 그리고 그것은 의외로 엉뚱한 곳에 있었다. 야한 노란 가운, 향수, 연지 그리고 속이 환히 비치는 드레스 …. 이런 것들이 평화를 찾아주는 소도구들이다. 무식한 남정네들이 자꾸 전쟁만 주장하고 있으니, 여자들이 나서서 부드러운 힘으로 그 미친 전쟁광들을 살살 녹이는 것이다.

구체적으로 어떻게 하는가? 아테네와 스파르타 그리고 그 외 모든 동맹국의 여인들이 일치단결하여 남자들이 더 이상 전쟁을 하지 않고 평화협정을 맺을 때까지 남자들과의 육체관계를 거부한다. 구체적인 행동 강령은 다음과 같다.

해줄 듯 말 듯 살살 약만 올리고는 절대로 해주지 마라. 만일 남자가 강제로 침대로 끌고 가려고 하면 기둥을 붙들고 늘어져라. 그러다가 남자가 주먹질을 해대면 할 수 없이 응하되 아주 성의 없이, 딴청 부리며 겨우 하라.

2. 만국의 아줌마들이여, 단결하라

이 방법에 대해 아리스토파네스의 극에서는 아테네의 여인인 뤼시스트라테가 발의하여 어느 날 밤중에 모든 폴리스의 여성 대표들을 불러 모아 합의를 이끌어낸 것으로 그리고 있다. 각국 대표들은 논란 끝에 —그리고 안타까운 심정에 눈물을 흘리며— 이런 결의를 한다.(한 구절 한 구절 뤼시스트라테가 선창하면 다른 대표들이 몸을 꼬며 복창한다.)

"애인이나 남편이나 이 세상의 어떤 남자도 일으켜 세워 가지고 접근하지 못할 것이니라. 집에서는 비단 옷을 입고 화장하여 예쁘게 꾸미며, 그래서 남편이 내게 뜨거운 욕정을 느끼게 만들고 나서는 절대로 기꺼이 남편에게 허락하지 않으리라. 만일 그가 강압적으로 나오면 서투르게 할 것이며, 화합하여 몸을 흔들지 않고, 페르시아 슬리퍼를 천장을 향해 올리지도 않고, 칼자루에 조각된 사자처럼 웅크리고 앉지도 않으리라."

그러나 실질적으로 평화를 되찾기 위해서는 이보다 더 적극적인 행동이 필요했다. 그래서 여인들은 아크로폴리스에 있는 파르테논 신전을 점거해버렸다. 무릇 전쟁을 하려면 막대한 돈이 필요한 법인데, 그 전비가 파르테논 신전에 보관되어 있었기 때문이다. 당황한 남자들이 파르테논 신전으로 몰려가서 여성들과 한판 싸움을 벌인다. 이것은 남자 코러스와 여자 코러스 사이의 설전으로 표현하고 있는데, 여기에서 여자들은 그동안 마음속에 쌓아두고 있던 생각들을 마음껏 퍼부어댄다.

예컨대 여자 코러스의 주장 중에는 이런 부분이 있다. 만일 여자들 생각대로만 된다면 우선 남자들이 "꼴값 떠는" 일부터 금지해버리겠다. 왜 군복을 입고 시내를 돌아다니는가? 어떤 자는 고르곤 두상을 한 방패를 가지고 시장에서 정어리 값을 깎고, 어떤 자는 창과 방패를 휘두르며 무화과 장수를 새파랗게 질리게 만들어놓고는 제일 잘 익은 과일을 게걸스럽게 먹어댄다.

하여튼 여자들이 '아프로디테의 의식'에 참여하지 않자 세상이

발칵 뒤집혔다. 남자들은 모두 비참한 고통 속에서 지내게 되었으니, 울적한 심사 속에서 신음을 발하게 되었고, 특히 아침에는 많은 이가 경련을 일으켰다. 외투를 입어도 배 부분이 몸에서 멀리 떨어져 텐트 모양이 되었다. 읍내를 돌아다닐 때에도 바람 속에 등잔불을 들고 돌아다니듯이 모두들 구부정한 자세로 걸어다녔다. 남자들이 길거리에서 만나면 서로 이런 대화를 나누는 것이었다.

거리를 지나는 남자 A 도대체 요즘 여자들 웬일인가?
거리를 지나는 남자 B 아니, 자네 집도 그러나?
거리를 지나는 남자 A 말도 말게, 내 건 벌써 사흘째 서 있네.

이 상황에서 스파르타의 대사가 황급히 아테네로 달려온다. 그의 말에 의하면 스파르타와 동맹국들의 상황도 마찬가지여서 "온 스파르타가 뻗쳐 있다", "여자들이 꾸민 국제적 음모"에 빠졌다는 것을 확인한 양 국민은 사태가 급박함을 인정하고 어떤 조건으로라도 평화를 맺기로 한다. 그래서 스파르타인은 곧장 자기 나라로 달려가서 하소연하기로 하고, 아테네인은 아테네인대로 의회에서 "자기 물건을 보이면서" 평화협정을 체결하라고 설득하기로 한다.

남자들이 이제야 깨달은 사실은 "그 어떤 사나운 짐승들보다도 여자하고 싸우는 것이 힘들다"는 점이다.

그리고 이미 옛 속담에 이런 말이 있지 않은가?

"암캐들과는 살 수 없다. 그러나 암캐 없이는 더더구나 살 수 없다."

이에 대해 여자들은 점잖게 이렇게 충고한다.

"그러니까 우리를 믿음직한 동지로 삼으라니까 그러네 … ."

3. 실타래 풀듯이 하는 정치

아리스토파네스의 극에서는 결국 여자들에 의해서 그리스 세계가 평화를 되찾는다. 그동안 소외되었던 여성들의 힘으로 반전反戰과 평화를 이루는 것이 실제로 가능한 것일까? "아프로디테의 권능으로 그녀들의 가슴과 넓적다리에 매혹의 입김을 불어넣어 남자들의 '정열의 곤봉'을 일으켜 세워 그것으로 남자들을 혼내주는 것"으로 진짜 평화가 찾아올 것인가? 만일 그게 가능하다면 우린들 왜 못할손가, 남과 북의 여인들이여, 일치단결하여 통일의 그날까지 힘 좀 써주소서 … .

그러나 아리스토파네스의 진의는 '여권 신장'이라기보다는 '반전'과 '평화'였다. 더 구체적으로 말하자면 고대 그리스판 '반反제국주의'였다. 국력이 일취월장한 아테네는 그리스 세계 각국을 힘으로 누른 다음 군인들을 징발하고 그것이 싫으면 군사비를 내놓게 만들었다. 이것이 스파르타 같은 이웃 강국의 반발을 불러오고 그 결과 전쟁으로 치달았던 것이다. 아테네 문화의 황금기가 사실 이웃 국가들에 대한 착취에 기반해 있었다는 사실은 서양 고대사에서 흔히 하는 이야기다.

이런 상황에서 아테네의 시민들은 자국의 팽창에 찬성하여 전쟁도 마다하지 않으려 했고, 반전주의자들의 목소리는 그런 압력에 파묻혀버렸다. 이런 상황에서 전쟁에 대한 직설적인 비판은 씨가

먹히지 않은 정도가 아니라 상당한 위험을 감수해야 했다.

아리스토파네스가 음탕한 익살 뒤로 숨어 세상을 마음껏 조롱하는 방식을 취하게 된 것도 그런 맥락에서다. '여자에 의한 평화'는 따라서 그의 진심이라기보다는 '웃기는 세계'이고 '거대한 농담'에 가깝다. 희극의 일반적인 구조대로 극의 전반부에서는 얽히고설킨 이야기들이 전개되고, 후반부에 가면 작가가 주장하는 바가 실현되었을 때 일어날 가상의 세계가 왁자지껄하게 펼쳐진다.

그것은 중세 유럽의 축제 때처럼 현실이 뒤집어진 세계가 된다. 그 임시의 시공간 속에서 하인이 왕이 되고 창녀가 성녀처럼 되고 여자가 남자를 혼내준다. 그렇게 만들어놓은 재미있는 상황에서 모두들 낄낄대며 즐기고 음탕한 소리를 질러대면서 한바탕 논다.

그러나 그러한 축제의 시간이 지나면 쓸쓸하게도 모두 다시 원래의 세계로 되돌아와야만 한다. 그렇다면 그 가상의 세계는 완전히 무의미한 것이었을까?

그렇게 보고 싶지 않다. 아리스토파네스가 그린 그 세계가 단순히 한번 놀고 지나가는 것이라고 하기에는 작가의 주장이 너무나도 진지하게 느껴지는 까닭이다. 나는 그의 농담이 현실이 되었으면 좋겠다고 생각해본다. 특히 오늘 우리의 초라하기 그지없는 정치판을 보면 지금부터 2천 년도 더 전에 아테네의 여인들이 남정네들에게 한수 가르쳐준 정치의 요령을 귀담아들을 필요가 있을 것 같다.

의원 나리 여자들은 집에 가서 옷감이나 짜라.

뤼시스트라테 당신 말 잘했소! 우리가 옷감 짜듯, 실타래 풀 듯 정치를 하면 아테네는 벌써 천국이 되었을 거요. 한번 들어봐요. 금방 깎은 양털을 갖다가 더러운 걸 다 씻어내는 것 본 적 있지요? 그와 마찬가지로 제일 먼저 이 국가를 빨래판에 좍 펴놓고 두들겨서 썩은 자들을 빼내죠. 사기꾼들을 가시 뽑듯 뽑아내고 요직만 얻으려고 애쓰는 음모가와 계략가들의 단단한 마디를 찾아내서 느슨하게 빗겨내려요. 한걸음 더 나아가서 그들의 목을 잘라버리죠. 그다음에 한 바구니 안에 좋은 성품의 사람들을 다 모아넣는 거예요. 그들이 시민이건, 외국인이건, 친구건 친척이건, 또는 전혀 모르는 사람이건, 나라에 빚을 진 자까지도 모두 뒤섞어도 위험할 건 없어요. 아테네가 식민화한 국가들을 주변에 널려 있는 양털 조각처럼 생각하고 아무렇게나 내버려둘 것이 아니라, 그들 모두에게서 실을 뽑아내서 하나의 커다란 실뭉치를 만든 다음 국민들을 위한 외투를 짜 가지고 그들을 따뜻하게 해주고 보호해주어야 해요.

의원 나리 아니, 얼마나 무서운 생각인가! 저들은 나라를 양털 쪼가리로 여기는군! 전쟁에 대해서는 아무것도 모르는 주제에.

뤼시스트라테 저런 돌대가리!

고대 그리스의 여인들 2:
행동하는 '엽기'

에우리피데스의 「메데이아」

1. 영웅의 탄생

'영웅'으로 번역하는 heros(영어의 hero)는 원래 신과 인간 사이에서 태어난 존재, 반인반신半人半神을 뜻한다. 그래서 인간의 몸을 가지고 있지만 신과 같은 탁월한 능력을 가지고 있는 존재다.

고대 그리스의 신화만이 아니라 세계 각국의 모든 신화에는 수많은 영웅이 등장한다. 절반의 인간이자 절반의 신, 인간이면서 인간 이상의 힘을 가지고 있으며, 인간으로서는 하기 힘든 위업을 이루는 존재인 영웅. 왜 이런 존재가 만들어진 것일까?

그러나 그 영웅은 다른 곳에 있는 것이 아니라 우리 내부에 있는 것이다. 영웅의 전기를 보면 그것은 다름 아니라 인간이 인간다운, 진정한 인간으로 태어나는 과정을 그리고 있다. 그런 점에서 보면 이 세상의 모든 어린이는 영웅의 길을 가고 있다. 그것은 곧 진정한 어른으로 태어나는 것을 뜻한다. 이 세상의 험난함, 우리 인생의 무의미함과 슬픔, 이런 것들을 이겨낼 수 있는 자질을 얻은 다음에야 우리는 성숙한 인간이 된다.

미국의 저명한 신화학자 조셉 캠벨의 말에 따르자면 그 자질은 죽음을 두려워하지 않는 용기와 동시에 그것을 잘 다스릴 수 있는 자제심을 말한다. 그런 자질을 얻게 되면 이제 자신을 돕는 동반자를 얻어 영웅의 길을 가게 된다. 우리가 이 세상의 의미를 구하며 살아가는 이 하루하루가 어쩌면 영웅의 길이 될 수도 있지 않은가?

그러나 모든 사람들이 그렇게 아름다운 길을 가는 것도 아니고, 영웅 중에는 가짜, 사이비 영웅도 있게 마련이다. 여기 그런 사이비 영웅의 이야기가 있다.

2. 잘못된 만남

우선 「메데이아」의 배경이 되는 이야기를 살펴보도록 하자.

테살리아의 왕 아타마스가 왕비 네펠레와 이혼하게 되었는데, 네펠레는 아이들을 안전한 곳으로 보내기 위해 헤르메스에게 부탁하여 황금색 양을 얻어서 아이들을 태워 보냈다. 그런데 황금 양이 날아가는 도중에 딸 헬레는 바다에 빠지고 아들 프릭소스는 흑해 연안 콜키스 왕국에 도착하여 자기가 타고 온 양의 가죽을 왕에게 바쳤다. 왕은 이 황금 양피를 용에게 지키게 했으니, 이것이 그리스 신화의 중요한 대목인 황금 양피 전설의 시작이다.

한편, 이웃 국가에 아이손이라는 왕이 정무에 싫증이 나서 아우인 펠리아스에게 왕위를 맡겼다. 단, 아이손의 아들 이아손이 장성하면 이 아들에게 왕위를 돌려주라는 조건을 달았다. 그러나 아우는 왕이 되자 조카에게 왕위를 돌려주기가 싫었다.

그래서 이아손이 장성하여 왕위를 돌려달라고 하자 일부러 황금양피를 찾아오라는 어려운 모험을 시켰다. 이아손은 그리스의 수많은 영웅을 모아서(헤라클레스, 테세우스, 오르페우스, 네스토르 등) 아르고호라고 명명된 배를 타고 천신만고의 어려운 항해 끝에 콜키스에 도착하게 되었다.

콜키스 왕은 이웃 국가의 새파란 청년이 나타나서 보물을 달라고 하자, 그에게 아주 어려운 난제를 주어서 시험을 했다. 즉 불을 뿜는 두 마리의 황소에게 쟁기를 매게 하고 용의 이빨을 밭에 뿌리면 황금 양피를 주겠다고 약속한 것이다. 여기에는 트릭이 숨어 있었으니, 용의 이빨을 밭에 뿌리면 거기에서 무사들이 뛰쳐나와 그에게 덤벼들게 되어 있었던 것이다.

이아손 혼자의 힘만으로는 이 문제를 풀 수 없었으나, (스토리 진행상 반드시 나오게 되어 있는) 어떤 여인과의 운명적인 만남으로 그는 문제를 풀게 된다. 다름 아닌 이 나라의 공주 메데이아와 사랑에 빠지게 된 것이다. 마법사인 이 공주는 콜키스 왕이 낸 난제들을 풀 수 있는 마법의 부적을 주고 또 정확한 요령을 가르쳐주었다. 그리하여 이아손은 불을 뿜는 황소를 잘 달랜 다음 목을 어루만지다가 쟁기를 매게 할 수 있었다. 다음으로 용의 이빨에서 나온 무사들은 마법을 이용하여 그들끼리 싸우게 함으로써 첫 번째 관문을 통과하고, 다음으로는 공주가 준 약으로 용을 잠들게 한 후 황금 양피를 얻었다.

이아손의 귀환. 이 그림은 전통적인 이아손 신화와는 다른 판본의 이야기를 그리고 있다. 여기에서 이아손은 용의 아가리를 통해 다시 탄생하고 있다. 왼쪽의 나무에는 황금양피가 걸려 있고, 오른쪽에는 그를 보호하는 아테나 여신이 부엉이를 들고 서 있다.

　사랑에 미친 두 남녀는 정말이지 인정사정 볼 것 없이 도주하게 되었다. 나라의 보물과 딸을 한꺼번에 도둑맞은 콜키스 왕은 곧 배를 타고 뒤쫓아왔다. 그러나 사랑의 광증은 사람을 극단으로 몰고 가는 법! 메데이아 공주는 아버지의 추격을 뿌리치기 위해 자기 동생을 죽여서 시체를 갈가리 찢은 다음 바다에 던져넣었다. 왕은 사랑하는 자식의 시체를 수습하느라 더 이상 쫓아오지 못하게 되었다.(아무리 '독한' 사랑에 빠졌다 하더라도 절대 따라 하지 말 일이다.)

귀국하여 국왕이 된 이아손은 아버지 아이손이 너무 늙은 것을 한탄하여 메데이아에게 아버지의 회춘回春을 부탁했다. 동양 최대의 마법사인 메데이아는 제대로 실력을 발휘하여 시아버지를 젊게 해주었다. 이 사실을 안 펠리아스의 딸들은 자신들도 아버지에게 오랜만에 효도를 하고 싶었는지 메데이아에게 똑같은 방법으로 자기 아버지의 젊음을 되찾게 해달라고 부탁했다. 그러나 펠리아스가 누구인가? 다름 아니라 자기 남편의 왕위를 차지하고 돌려주지 않으려고 했던 자가 아닌가?

그래서 메데이아는 이 딸들을 속여서 복수를 했다. 우선 다음과 같이 시범을 보였다. 늙은 양을 한 마리 잡아 여러 조각을 낸 다음 솥에 집어넣는다. 물을 반쯤 채우고 갖은 양념을 풀고 푹 삶는다. 마지막에 마법의 풀을 집어넣어 다시 푹 고은 다음 솥뚜껑을 여니, 거기에서 새끼 양 한 마리가 폴짝 뛰쳐나오는 것이었다.

펠리아스의 딸들은 이 시범을 보고 너무나 기뻐서 자기 아버지를 데려다가 칼로 여러 조각을 내어 솥에 집어넣고 시키는 대로 푹 삶았다. 그러나 결정적인 순서인 마법의 풀을 넣어야 할 때 다른 풀(예컨대 미나리)을 집어넣게 했으니, 펠리아스는 회춘하지 못하고 그냥 곰탕이 되고 말았다.

여기까지는 ─약간 때깔이 상스럽기는 하지만─ 그럭저럭 일반적인 영웅의 길을 비슷하게 걸은 셈이다. 이아손은, 첫째, 아버지의 위업을 이어받아 왕이 되어야 하고, 둘째, 그러기 위해 고난의 시련을 통해 자신의 능력을 검증받아야 했으며, 셋째, 자신의 길을 함께 갈 사랑하는 동반자를 구했다. 그리하여 자신의 왕국을 가지게 되었고 더구나 자신을 방해한 인물에 대해 복수까지 마쳤다. 그러나 그다음 과정부터 이 두 사람은 본격적으로 어긋난 길을 가고야 만다. 잘못된 만남은 두 사람 모두에게 파멸을 가져다준 것이다.

이아손은 메데이아를 버리고 코린토스의 왕녀 크레우사와 결혼하려고 했다. 이건 누가 보아도 메데이아보다 이아손의 잘못이 훨씬 크고 모든 책임은 그가 져야 할 것 같다. 메데이아가 무슨 죄가 있는가? 오직 사랑 때문에 아버지를 속이고 사랑하는 동생까지 죽여가며 먼 이국까지 따라오질 않았는가? 그리고 자신의 힘을 발휘하여 남편이 왕이 되는 것을 도와주고 복수까지 해주지 않았는가?

그런데 이아손은 바로 그 점에서 두려움을 느끼고 만 것이다. 이아손의 말에 의하면 메데이아가 부담스럽다 못해 두렵다는 것이다. 맨날 칼부림이나 하고 이상한 마법으로 사람을 지지고 볶는 무서운 여자 대신에 순하고 말 잘 듣고 귀여운 여자, 게다가 집안 좋은 여자를 얻기로 한 것이다.

에우리피데스의 극작품은 이 지점에서 시작된다. 지금까지의 이야기를 사전 배경으로 하여, 이혼당하기 직전의 메데이아가 이 상황에서 어떻게 고민하다가 어떤 복수를 펼치는가 하는 부분을 다루고 있다. 스토리를 미리 말하자면, 메데이아는 이아손이 새로 결혼하려고 하는 여자인 크레우사에게 독 묻은 옷과 모자를 선물하여 그녀를 타 죽게 만들고, 이아손과의 사이에서 난 자신의 아이들을 죽인다. 아이들을 죽이는 이유는 오직 이아손에게 고통을 주기 위해서다. 그런 잔인한 복수를 한 후 뱀이 끄는 이륜차를 타고 아테네로 도망간다.(이 부분이 에우리피데스 작품의 끝이다.)

아테네로 간 메데이아는 테세우스의 부친인 아이게우스와 결혼했다. 테세우스는 우리나라 고구려 신화의 고주몽처럼 어린 시절

두 아들의 늘어진 시신을 안고서 마차에 타 아테나로 가고 있는 메데이아.

에 아버지와 떨어져 살다가 아버지를 찾아 아테네로 왔는데, 이 부
자간의 상봉이 이루어지면 자신의 앞날에 좋지 않은 결과를 가져올
것이라고 생각한 메데이아는 아이게우스로 하여금 아들 테세우스

에게 독배를 마시게 하려고 사주했다. 그러나 테세우스가 그 사실을 알아차리자 메데이아는 아시아로 도주했고, 이곳이 뒷날 메디아라고 불리는 지역이다.

3. 사이비 영웅

에우리피데스의 작품 자체는 그러므로 아주 단순한 이야기를 가지고 있다. "이혼을 앞둔 메데이아가 사랑의 상실에 몸부림치며 고통스러워하다가 복수를 굳게 다짐하고 그것을 실천한 다음 독한 말을 퍼붓고 도망간다"가 스토리의 전부다.

우선 이 작품을 볼 때 다른 그리스의 비극과 다른 점들을 주목하지 않을 수 없다. 예컨대 아이스킬로스의 「아가멤논」이나 소포클레스의 「오이디푸스」 같은 작품을 보면 전체 분위기가 장대하다. 그 스토리는 인간의 운명, 신과 인간의 관계 등을 다루는 장중한 서사다. 주인공들은 거의 신적인 인물들로서, 대부분의 인간들이 가지게 마련인 그런 종류의 약점이 아니라 소위 '비극적 결함'을 가지고 있어서 그로 인해 파국을 맞이한다. 예컨대 오이디푸스는 신이 정해 놓은 길을 거부하고, 자신이 파멸할 것을 알면서도 거기에 저항하다가 장렬한 최후를 맞이한다. …

그런데 「메데이아」의 주인공들은 모두 나약한 인간들이다. 그들은 서로가 서로에게 상처를 주고 있다. 그들의 성격은 옹졸하거나 극악한 결점들을 가지고 있다. 메데이아는 복수를 위해 자신의 아이들을 죽이려다가 차마 못하고 그러다가 다시 마음을 굳게 먹는 식으로 여러 번에 걸쳐 마음이 흔들린다.

이렇게 주인공이 내적인 갈등으로 주저하는 모습은 다른 그리스 비극 작품에서는 찾아보기 힘든 '인간적으로 약한' 모습이다. 이를 두고 그리스 비극의 수준이 저하되고 '변질'되는 과정이라고 해석하기도 하지만, 그런 해석에 꼭 연연해할 필요는 없다고 본다. 너무 정형화된 비극적 주인공의 모습보다 차라리 이런 "마음이 흔들리는 악녀", "두려움에 떠는 치사한 주인공"이 그야말로 더 인간적이고 더 우리의 가슴에 와 닿기도 한다.

이들이 고통을 겪는 중요한 원인은 사랑이다. 사랑 때문에, 그놈의 사랑 때문에 이들은 파멸을 맞는다. 메데이아의 입장에서 보면 잘못된 사랑 때문에 가족들을 배반하고 심지어 자신의 친자식들까지 살해해야 했다. 도대체 사랑이란 무엇일까? 적어도 이 작품을 가지고 판단하건대, 그것은 사람의 마음을 어지럽혀 놓는 병이다. 늘 균형과 절제, 중용을 최고의 이상으로 치는 고대 그리스인이 볼 때 적절한 선을 넘는 사랑이란 결국 평정심을 잃게 만들고 인간을 그릇된 길로 이끈다. 그러므로 사랑은 위험한 것이다. 그것은 인간을 짐승처럼 만들어버린다.

여기에서 이아손이 풀어야 했던 난제로 되돌아가보자. 그가 풀어야 했던 문제는 불을 뿜는 황소를 잘 달래서 쟁기를 지도록 만드는 것이었다. 미친 황소, 게다가 불을 뿜는 무서운 소… . 인간의 격정을 나타내는 이미지로 이보다 더 적합한 것이 어디 있을까?

영웅이 되기 위해서는 자신의 본능에 휘둘려서는 안 되고 그것을 잘 다스리는 법을 배워야 한다. 신화의 그 이야기는 바로 이 점을 가리킨다고 볼 수 있다. 그런데 역설적이게도 바로 그것을 푸는

데 도움을 주었던 메데이아가 오히려 사랑 때문에 격정에 휩싸이게 된다. 이혼 앞에서 길길이 뛰는 그녀를 두고 유모는 어린아이들에게 이렇게 이야기한다.

"아씨의 눈에는 미친 황소의 살기가 어려 있습니다."

이성을 잃으면, 특히 미친 사랑에 빠지면 인간은 그렇게 짐승이 된다. 그러므로 "인간에게 사랑보다 더한 저주는 없다."

사랑으로 인한 아픔을 제대로 다스리지 못하면 또한 그 어느 것보다도 극악한 복수를 하게 만든다. 메데이아가 연적 크레우사에게 행한 복수를 보라. 사랑의 선물이라고 속여 그녀에게 준 것은 독 묻은 옷과 모자였다.

이 옷을 입은 그녀는 살이 타들어가고, 모자에서 옮겨붙은 불이 머리카락을 태운다. 광란의 사랑, 치명적인 사랑의 괴로움을 이보다 더 고통스럽게 묘사할 수 있을까? 당신 머리카락에 불이 붙었다고 생각해보라. 사랑은 독이고 모든 것을 태우는 불이다. 그 불은 따뜻함의 이미지가 아니라 모든 것을 태워서 소진시키는 포악함의 이미지를 가지고 있다. 그 불은 사랑의 산물인 자식까지 태워버릴 정도로 맹목적이다.

그런데, 여기에서 문제로 삼을 만한 부분이 있다. 그런 파멸적인 사랑을 하는 측은 남자가 아니라 여자다. 그렇다. 남자는 그나마 이성을 찾으려고 하지만, 여성은 그런 남자의 이성을 뒤흔들어놓는 매력魅力(문자 그대로 홀리는 힘)을 가지고 있다.

메데이아는 이렇게 말하지 않는가?

"여자에게 사랑을 잃는 것보다 더 큰 괴로움이 있단 말인가?"

더군다나 메데이아는 단순한 여성이 아니라 '동방 국가'의 여성이다. 그리스가 문명국이고 이성을 아는 지역이라면 동방 국가들은 문명을 모르는 곳, 이성적이지 못한 곳이다. 그러므로 메데이아는 그런 야만국의 여성이라는 이중의 열등함을 가진 존재로 그려지고 있다. 뭔가 열등하면서도 두려움을 불러일으키는 존재, 검은 마법의 힘을 가진 존재, 그것은 아직 길들여지지 않은 어두운 힘을 나타낸다. 그리고 그것이 사랑의 이름으로 우리를 어지럽게 만드는 것이다.

이 두 주인공은 '사이비 영웅'이라 불러 족한 유형들이다. 메데이아가 두려움의 존재라면 이아손은 옹졸한 인간형의 극단이다.(이런 상황에서 메데이아에게 앞으로 살아가는 데 도움이 되도록 추천장을 써 주겠다고 제안할 정도로 그는 철이 없다.) 작가의 관점에서 보면 이 두 사람은 영웅의 길을 잘못 가고 있는 중이고, 파멸을 면치 못할 운명이다.

그러나 우리 모두는 그런 나약하면서도 옹졸한 면을 가지고 있지는 않은가? 또 그래서 우리 역시 그 어두운 사랑의 힘 앞에 맥없이 무너지곤 하지 않는가? 우리는 모두 마음속으로 아픈 사람들 아닌가?

우리 보고 어쩌란 말인가? 사랑은 병이고 저주이고 독이고 불이니, 우리는 파멸을 피하기 위해 오직 흔들리지 않는 이성의 힘으로 중용과 절제를 지키란 말인가? 그러나 누가 여기에 마땅한 대답을 할 수 있을 것인가?

다만 이미 2천 년 전부터도 남자와 여자의 그 미친 사랑에 대해 참으로 많은 고민이 있었다는 것만 확인할 수 있을 뿐… .

지옥으로의 여행

단테의 『신곡』 「지옥 편」

1. 이런 방정맞은 이야기를 해도 좋을지는 모르겠지만 지옥이란 정말 꼭 한번 가보고 싶은 곳이다. 일찍이 마키아벨리 역시 죽음에 임하여 이런 말을 했다고 하지 않은가?

나는 천국보다는 지옥으로 가고 싶다. 천국이 기후야 더 좋겠지만, 내가 좋아하는 그 재미있는 인간들(즉 정치가들)은 모두 지옥에 가 있으니까.

인간의 극한 상황이 적나라하게 펼쳐져 있는 곳, 이 세상의 모든 악惡이 찬연하게 펼쳐지는 곳, 그 고통의 향연 … . 지옥에 발을 들여놓은 자신이 어떤 표정을 지을 것인지 상상하기 힘든 사람은 뭉크의 그림 「지옥에서의 자화상」을 참고하라.

단테. 그의 뒤편에는 왼쪽부터 지옥, 연옥, 천국이 그려져 있다.

2. 단테가 『신곡』을 쓰기 시작한 것은 35세 때인 1300년이라고 한다. 그 시절에는 사람의 평균 수명을 70세로 잡았기 때문에 35세 라고 하면 인생의 절반을 산 시점이었다. 그 시점에서 과연 내가 이 인생을 잘 살고 있는지 중간 점검을 할 필요가 있었던 것 같다. 그래서 내가 살아가는 이 세상, 이 우주를 총체적으로 재구성하여 살펴보려고 한 것이 그의 원대한 구상이었다.

『신곡』은 정말로 위대한 작품이라고 하지 않을 수 없다. 정확한 운율과 라임rhyme을 따르는 3행시로 된 연들로 이야기를 짜되 지옥 33곡, 연옥 33곡, 천국 33곡에다가 앞의 서곡 1곡을 더해서 모두 정확하게 100곡이 되게 만들었다. 행行으로 치면 각각 4,720행, 4,755 행, 4,758행으로 모두 1만 4,233행이나 되는 대작이다. 여기에 당시의 신학, 철학, 과학 등의 내용을 배경으로 해서 자신의 인생관과 인생 역정, 희망 등을 섞어넣었다.

그가 그리는 지옥의 구성은 참으로 극적이다. 하늘에서 사탄과 그의 무리가 추락하여 지상에 대충돌을 일으켰다. 그 결과 사탄은 지구의 중심부까지 밀려들어가 처박히게 되었고 그 자취로 땅에 거대한 구멍이 생겼다. 그 구멍은 갈수록 좁아지는 깔때기 모양으로, 이 심연의 동굴이 바로 지옥이 되었다. 그런데 그렇게 큰 구멍이 생겼다면 밀려난 흙은 어디로 갔을까? 지구의 다른 편에 거대한 산이 만들어졌으니, 그것이 다름 아닌 연옥의 산(그 산을 올라가며 고통을 받는 가운데 점차 자신의 죄를 지워나가는 정죄의 산)이 된 것이다.

지옥은 따라서 이 땅의 어딘가에 구체적으로 실재하는 '장소'다.(오늘날 가톨릭의 해석에서는 지옥이 구체적인 시공간이 아니라 하나의 '상태'라고 하는 것과는 차이가 난다.) 물론 그 지옥 위에 덮개가 펼쳐져 있어 살아 있는 사람이 그곳을 찾아들어가는 것은 극히 힘든 일이지만 이론적으로는 능력 있는 탐험가가 그곳을 찾을 수도 있다.

단테는 우연히 그 덮개가 얇아져 틈이 생긴 곳을 찾을 수 있어서 고대 로마의 시인 베르길리우스의 도움을 받아 지옥을 방문하게 된다. 하필 베르길리우스가 안내인 역을 맡은 것은 우연이 아니다. 베르길리우스는 이전에 『아이네이드』라는 작품에서 저승 세계를 그린 바 있는데, 여기에서 그는 저승 세계를 찾아가 죽은 아버지를 만났던 것이다.

이처럼 서구 문학의 전통에서는 오직 시인들만이 사후死後 세계를 방문하는 특권을 누리는 것으로 되어 있다. 삶과 죽음을 넘나들면서 인생의 비밀, 구원의 희망을 안겨주는 것이 시인의 특권이자 의무이니 그들은 말하자면 우리 정신의 무당인 셈이다.

3. 지옥이 구체적인 장소로 그려져 있고 그곳을 여행하는 것이 가능하다면 지옥의 '지도', 혹은 지옥의 '설계도'를 그려봄직하다.

지옥 입구에 서면 우선 거대한 지옥문이 우람하게 서 있다. 그 문 위에는 지옥으로 들어가게 될 가련한 영혼들을 환영하는 문구가 "검은 색으로" 이렇게 써 있다.

> 괴로움의 나라로 가고자 하는 자 나를 거쳐가라.
> 영원한 가책을 만나고자 하는 자 나를 거쳐가라.
> 절망한 사람들에 끼이고자 하는 자 나를 거쳐가라.
> …
> 영원 이외에는 나보다 먼저 창조된 것이 없고
> 나는 처음도 없고 끝도 없이 영원히 있으리라.
> 나를 거쳐가려는 자 모든 희망을 버리고 이리로 들어오라.

그 문 너머로는 오직 탄식과 한숨 소리, 비통한 울음소리만이 "별도 없는 하늘"에 메아리칠 뿐이다. 그러니 "모든 희망을 버리고" 그 문으로 들어갈 수밖에 없다.

지옥에는 세 개의 지하 강이 흐르고 있다. 첫 번째 강인 아케론 강가에는 성을 잘 내는 뱃사공 카론이 지키고 있다가 죽은 영혼들을 마구 야단치며 지옥으로 데려간다. 이 강을 건너면 그다음부터 여러 지옥이 차례로 둥근 고리 모양으로 등장하는데, 이것을 제1환 環(ring), 제2환 하는 식으로 부른다.

제1환은 아직 본격적인 지옥이라고 할 수 없다. 림보imbo라고 부르는 이곳은 말하자면 죄라고 할 만한 것을 저지르지는 않았으나 기독교의 세례를 받지 못한 사람들이 오게 된다. 전통적으로는 태어나자마자 바로 죽어서 세례를 받지 못한 불쌍한 아기들이 이곳에 오는 것으로 되어 있으나 단테는 그보다는 기독교가 전파되기 전에 살았던 착하고 훌륭한 사람들이 여기로 모이는 것으로 바꿔놓았다.

그 결과 이곳에는 소크라테스, 아리스토텔레스, 히포크라테스 등 예수 탄생 이전의 현자들이 모두 모여 있다. 아마 지옥 가운데 가장 학력이 높은 곳이 아닐까? 이 영혼들은 고통을 받지는 않으나 하느님을 만날 수 없다는 절망 때문에 한숨만 쉬면서, "상도 없이 벌도 없이 둥둥 떠 있다."

이제 이 밑으로 내려가면서 본격적인 지옥들이 펼쳐진다. 특히 제2환에는 미노스가 판관으로 지키고 있으며, 모든 죄인은 그 앞에 가서 생전에 지은 죄들에 대해 어느 정도의 벌을 받게 될지 판정을 받는다. 미노스의 판결 방식은 지옥 판관답게 정말로 특이하다. 복잡한 판결문을 쓸 것 없이 자신의 긴 꼬리를 가지고 몸에 세 번 두르면 제3환, 일곱 번 돌리면 제7환 하는 식으로 죄인이 갈 곳을 정한다.

여기에서부터 제5환까지가 상부 지옥이다. 말하자면 그래도 조금 견디기가 괜찮은(?) 편에 속한다. 림보를 제외하고 제2환부터 제5환까지의 특징은 자신의 욕망을 이기지 못하고 무절제에 빠진 자들을 위한 곳이다. 차례로 육욕肉慾에 빠졌던 자, 폭식暴食을 했던 자, 탐욕에 눈멀었던 자, 분노와 나태를 범한 자 등이 갇혀 있다.

이들에 대한 벌은 그야말로 인과응보라는 말 그대로다. 자기의 죄에 합당한 결과를 그대로 당하고 있는 것이다. 육욕의 바람을 이기지 못해 들어온 자들은 더럽고 축축한 광풍에 이리저리 휘몰려

다닌다. 폭식의 죄를 범한 자들은 차가운 음식 찌꺼기 위를 뒹굴고 있는데 대가리 세 개를 가진 개 세르베루스가 끊임없이 짖어대며 그들을 괴롭힌다. …

이런 식이다. 평소에 자기가 행했던 그대로가 자신의 벌로서 되돌아온다. 나는 단테가 그리는 지옥의 참맛은 여기에 있다고 본다. 지옥이 따로 있는 것이 아니라 지금 내가 행하고 있는 짓이 그대로 지옥으로 연결되는 것이다. 난폭한 사랑에 빠졌다면 그것이 그대로 지옥의 고통이 된다.

한 예로 평소에 분노를 이기지 못하고 또 늘 불만을 품고 이 세상에 불평을 해대며 살아갔던 자의 모습을 보자. 그는 죽어서 스틱스강의 더러운 진흙탕 속에 잠겨 부글거리고 있다. 베르길리우스는 단테에게 이렇게 말한다.

　　… 아들아 잘 보아두어라.
　　분노를 이겨내지 못한 자들의 혼이다.
　　잘 알아두도록 해라. 이 물밑에는
　　한숨을 쉬고 있는 자들이 있다.
　　그래서 수면에 거품이 인다.
　　어디를 봐도 거품이 보이잖느냐?
　　흙탕물에 묻힌 자들의 넋두리다.
　　"우리는 쓸쓸했다.
　　햇빛 비치는 즐겁고 아름다운 대기 속에서도
　　마음속엔 불만이 잔뜩 있었다.
　　지금도 시커먼 수렁 속에서 우리는 우울하다."

15세기에 그려진 『신곡』의 삽화 중에서 스틱스강을 건너는 베르길리우스와 단테. 스틱스강은 상부 지옥과 하부 지옥을 나누는 경계다. 오른쪽에 상부 지옥의 중심지인 디스 시가 보인다.

늘 불만을 품고 사는 우리들은 그러므로 죽은 다음에 스틱스강의 진흙탕 속에 들어가지 않더라도 여기 이 세상에서 이미 지옥에 있는 셈이다. 지옥은 멀리 있지 않고 우리의 머릿속에 있다.

4. 스틱스강은 제5환의 지옥의 일부이면서 동시에 상부 지옥과 하부 지옥을 나누는 경계가 된다. 이 강을 넘어 성벽을 지나면 지옥의 중심권인 디스Dis 시에 들어가게 된다. 여기서부터 제6환이 시작된다. 말하자면 이곳부터는 진짜 중죄인들이 고통 받고 있다. 이들이 지은 죄를 보면 이제 개념이 바뀌어서 자기 욕심에 굴복한 것을 넘어 더 적극적으로 하느님의 뜻을 거스른 자들임을 알 수 있다.

제6환의 죄인들은 이단자들, 제7환의 죄인들은 "폭력을 휘두른 자들"이다. 폭력범이라고 하지만 그 종류도 여럿이다.

첫 번째 범주는 살인자로부터 전쟁을 일으킨 자들까지 다양한 인간들로 되어 있다. 이들은 문자 그대로 폭력을 휘둘러서 하느님의 뜻을 거스른 자들이며(이곳에서 알렉산드로스 대왕을 만날 수 있다), 당연한 일이지만 남의 피를 흘리게 했으므로 이번에는 그들 자신이 끓는 피의 강에서 고통 받고 있다.

두 번째는 자살자의 숲이다. 남보다 더 고귀한 자기 자신을 살해한 자들의 영혼은 들어가 쉴 몸이 없으므로 —"스스로 버린 것은 다시 찾을 수 없는 법이다"— 나무 속에 갇혀 있다. 그러면 하르피아라는 괴조怪鳥가 와서 잎을 쫄 때마다 고통 속에서 운다. 그리고 이 우수의 숲 주변에는 다시 피의 강이 흐른다.

세 번째는 고리대금업자, 동성애자 등이다. 그런데 이들이 왜 '폭력범'일까? 고리대금업자를 생각해보자. 돈을 빌려주고 이자를 챙긴다는 것이 어떤 일인가? 이익이 생기기 위해서는 직접 무엇인가를 만들어 팔든지 남에게 어떤 서비스를 베풀고 그 대가를 받아야만 한다. 그런데 단지 돈을 빌려주고 몇 달 지난 다음에 그에 대한 대가로 돈을 더 많이 받는다는 것은 곧 돈을 융통하는 '시간'을 준 대가로 이자를 받는 것을 뜻한다.

그렇다면 결국 그가 팔아먹은 것은 시간이다. 오직 하느님에게만 속하는 시간을 팔아 돈을 챙기다니! 이야말로 하느님의 뜻에다가 폭력을 행사한 것이 아니고 무엇인가? (오늘날의 경제학자라면 물론 그와 같은 중세 식의 이자 개념에 반대할 터이지만, 지옥의 판관 미노스는 그 따위 현대 경제학 이론은 아랑곳하지 않으리라.)

남자와 남자끼리, 여자와 여자끼리 사랑을 주고받음으로써 자연의 질서와 하느님의 뜻—남녀가 사랑하여 자손을 번성시키라는—을 어긴 동성애자가 폭력범인 것 역시 이런 원리다. 말하자면 폭력이란 하느님의 질서를 깨뜨리는 추상적인 폭력을 뜻한다.

그 밑의 제8환은 건축학적으로 아주 특이한 구조다. 여기에는 10개의 구덩이가 있는데(이것을 '볼제bolge'라고 하는데 '주머니'라는 뜻이다), 이 10개의 구덩이가 둥그렇게 펼쳐져 있고 그것들이 모두 중앙의 구덩이를 향해 바퀴살 모양의 돌다리로 연결되어 있다. 그 각각의 주머니에는 각종의 악성 사기범들이 들어가 있다.(이때의 사기 역시 하느님의 뜻을 속인 추상적인 의미의 사기까지 포함한다.)

포주와 난봉꾼(여성들을 농락한 자)들은 악마의 괴롭힘을 당하고 있고, 아첨꾼들은 똥물 속에 잠겨 있고(평생 똥 같은 말을 하고 살았으므로), 가짜 예언자들은 머리가 뒤로 돌아간 채 눈물을 흘리고 있다.(남이 제대로 보지 못하게 한 응분의 대가다. 어쩌면 제대로 공부 안하고 곡학아세하는 교수들이 나중에 이 구멍에 들어가 있지 않을까.) 불화를 퍼뜨린 자들은 남의 사이를 갈라놓았으므로 자신의 몸이 갈라지는 벌을 받는다. 죄인들은 한 줄로 서서 마귀의 앞으로 다가간다. 그러면 마귀가 칼로 얼굴로부터 온몸을 좌아악 그어서 두 동강을 내놓는다. 그러고 난 후 큰 원을 그리며 걸어가다 보면 그동안 얼굴과 몸이 점차 도로 붙는다. 그래서 한 바퀴를 크게 돌아 제자리에 올 때면 거의 성한 몸이 되지만 이때 다시 마귀가 칼로 버억 그어놓는 것이다. 그러므로 이곳의 죄인은 영원히, 영원히 칼로 째는 고통을 당하며 살아가게 되어 있다. 이곳의 대표적인 죄인으로는 마호메트가 있다!

이곳을 지나면 이제 지옥의 거의 중심부에 도달한 것이다. 제9

로댕의 조각 「우골리노」(1840).

환에는 반역자들이 모여 있다. 이곳은 얼어붙은 코퀴토스강으로, 이 얼음 밑에 혈족을 배신한 자, 조국을 배신한 자, 손님을 배신한 자들이 꽁꽁 얼어붙은 채 얼음 눈물을 흘리고 있다.

자식들을 잡아먹은 우골리노를 아시는가? 피사의 귀족이었던 우골리노는 대주교 루지에리와 짜고 권력을 잡으려고 했다. 그러나 세勢가 불리해지자 루지에리는 우골리노를 배반하고 그와 그의 아들, 손자를 옥에 가두고 굶어죽게 만든다. 자식들은 빵을 달라고 울고 있다.("이래도 눈물을 흘리지 않는다면 무엇에 운단 말인가.")

저녁 식사가 와야 되는 시간 … . 그러나 저 아래에서는 문에 못 질하는 소리가 들린다. 닷새 엿새 사이에 아이들이 차례로 죽어갔다. 우골리노는 굶주림에 지쳐 아이들의 시체를 먹었으나, 간수는 감옥의 열쇠를 이미 아르노강에 던져버렸기 때문에 끝내 이곳을 빠져나가지 못하고 우골리노 자신도 굶어죽었다.

이제 이 지옥의 제9환에서 루지에리와 우골리노는 한 얼음 구덩이 속에 얼어붙어 있다. 그것도 우골리노가 루지에리의 뒤통수에 바짝 붙어 있어서 우골리노는 루지에리의 뒤통수를 깨물어 먹고 그의 머리카락을 한 움큼 뽑아 입을 닦는다. 그러고는 이 방문객들에게 이런 설명을 한다.

> 내가 했듯이 배신을 저지르면
> 육체는 곧 악마의 손에 빼앗기고 만다.
> 그 뒤부터는 수명이 다할 때까지
> 악마가 육체를 지배하지만,
> 혼은 곧장 이 구렁으로 떨어져온다.

여기에서 보는 내용도 마찬가지다. 현세와 지옥이 별개가 아니다. 누구나 그가 하는 짓에 따라 지옥을 미리 경험하고 있다. 죽기전에 혼이 이미 지옥에 와 있는 것이라면 우리는 이 세상에서 지옥의 삶을 살고 있는 셈이다.

5. 드디어 그 아래, 지옥의 가장 중심부에는 사탄이 있다. 하느님을 배신한 타락 천사, 사탄 … . 이 사탄은 하느님에게 영원한 버림을 받아서 무력한 채 절망의 눈물을 흘리고 있다. 특이한 것은 이 사탄이 세 개의 얼굴을 가지고 있다는 점이다. 각각의 얼굴은 모두 색깔이 다른데 그 입으로 세 명의 최고 악인을 질겅질겅 씹고 있다. 가운데의 붉은 얼굴은 예수를 배반한 유다를 물고 있고, 왼쪽의

검은 얼굴은 브루투스를 그리고 오른쪽의 노란 얼굴은 카시우스를 물고 있다.(브루투스와 카시우스는 카이사르를 배신한 죄로 지옥으로 끌려왔다.) 왜 세 개의 얼굴일까? 삼위일체의 절대 선에 대한 반대 항으로서 악의 삼위일체를 나타낸다고 한다. 또는 사랑·권능·지혜와 반대되는 증오·무력·무지를 나타낸다고도 한다.

이곳까지 이른 두 여행자는 이제 지옥의 끝에서 빠져나와 다음 코스인 연옥으로 가야 한다. 그러기 위해서는 지옥의 중심부를 차지하고 있는 사탄을 밟고 넘어가야 한다. 뱀만 밟아도 그 꿈틀하는 느낌이 이상야릇할 텐데 사탄을 밟는 느낌은 과연 어땠을까? 혹시 위험한 것은 아닐까? 그러나 그럴 염려는 없다. 여기에서 사탄은 완전한 패배자, 완전한 무능력자다.

그가 할 수 있는 일은 눈물을 흘리며 자기의 날개를 움직이는 일 뿐이다. 그 날갯짓은 찬바람을 일으켜 디스 시의 코퀴토스강을 얼리는 원천이 된다. 그 외에는 그야말로 절대 무력한 자다. 그래서 이 두 여행자는 과감하게 사탄의 다리를 타고 옆구리를 넘어 지옥의 반대편으로 탈출한다. 그들이 지옥을 나와 처음 본 것은 저 하늘에 반짝이는 별이었다.

지옥 여행— 그것은 영혼의 어둠을 헤치고 정신적 소생을 도모하는 여행이리라. 우리가 새로 태어나기 위해서는 우선 이 세상의 악 그리고 우리 마음속의 악과 맞대면해야 한다. 그러려면 지옥으로 들어가보는 수밖에 없다. 그대 안의 악의 심연으로 들어가라. 저 어둠 깊은 곳으로 들어가 악마를 만나라. 그리고 그 악마를 밟고 넘어가라!

악마의 책

마키아벨리의 『군주론』

1. 이 사람을 보라

이 사람의 얼굴을 보라. 얼마나 명민하고 똘똘하게 생겼는가? 또 릿또릿한 그의 눈동자는 세상 돌아가는 모습과 사람들의 머릿속을 꿰뚫어보는 듯하다. 마치 나쁜 짓하고 있는 인간들을 멀리서 아주 재미있게 관찰하고 있는 듯한 그의 냉정한 표정을 보면 바늘로 찔러도 피 한 방울 나지 않을 성싶다. 바로 그가 역사상 가장 많은 비난을 받은 책 중의 하나인 『군주론』의 저자 마키아벨리다.

니콜로 마키아벨리는 1468년에 피렌체에서 태어나 스물아홉 살에 피렌체 공화정에 참여했다. 이때 주로 맡은 일이 군사와 외교 관련 업무였다. 그는 체자레 보르자, 루이 12세, 막시밀리안 1세 등 당대 유럽의 쟁쟁한 군주들에게 파견되어 중요한 외교 업무를 수행했는데, 이런 경험이 니중에 그의 저술 활동에 중요한 소재가 되었을

마키아벨리.

것이다.

그러나 그것도 잠시, 이달리아에서 프랑스군이 퇴각하면서 그가 몸담고 있던 피렌체 공화정이 붕괴되고 메디치 가문이 다시 권력을 잡게 되었다. 그는 공직에서 쫓겨났을 뿐 아니라 메디치 정부를 전복시키려는 음모에 가담했다는 혐의로 투옥되었다. 여기에서 그는 지옥 같은 고통을 경험하게 된다.

그의 친척 두 사람이 체포되어서 고문 끝에 공범자들을 부르게 되었는데 그 목록에 마키아벨리의 이름이 들어 있었던 것이다. 체포되자마자 그는 당시의 관례에 따라 끈에 매다는 고문인 스트라파도strappado를 받았다. 손을 뒤로 하여 손목에 가죽 끈을 묶은 다음 공중으로 들어 올리는 이 고문은 단순하면서도 극심한 고통을 주었다. 이렇게 공중에 들어 올려져 하루 종일 매달려 있던 마키아벨리는 무슨 생각을 했을까?

게다가 고문 기술자들은 잡혀온 사람이 쉽게 자백하지 않으면 다음 단계로 혐의자를 공중에서 뚝 떨어뜨렸다가 다시 낚아채는 방식을 병행할 수 있었고, 이때에는 어깨뼈가 탈구되거나 뼈가 부러지기도 하는 엄청난 고통을 주었다. 이것은 혐의자가 죽을지도 모르는 위험성 때문에 서너 번만 시행하는 것으로 되어 있었는데 마키아벨리에게만은 무려 여섯 번이나 시행했다고 한다.

정말로 마키아벨리가 메디치 정부를 뒤집어엎으려는 음모에 가

판화가 자크 칼로의
「스트라파도」(1633).

담했는지 아닌지는 끝내 밝혀지지 않았지만 당시 수사 당국은 확신
을 가지고 있었던 모양이다. 그럼에도 마키아벨리는 끝내 그런 고
문을 이겨내고 유죄 인정을 거부했다. 만일 고문을 이겨내지 못하
고 자백했더라면 그의 친척 두 사람과 마찬가지로 사형에 처해졌을
것이다.

　이런 상황에서 누구나 생각하게 되는 것은 어떻게든 아는 인맥
을 동원해서 여기에서 빠져나가는 것 아니겠는가? 사람 죽으라는
법은 없는지 한때 그의 친구였던 줄리아노 데 메디치에게 통사정을
했고, 이 사람의 형이 다름 아닌 교황(레오 10세)으로 선출되자 그
덕분에 마키아벨리는 사면을 받고 감옥 문을 나왔다.

　그는 권력이 얼마나 무서운 것인지 뼈저리게 ─이 경우에는 상징적인 표현이 아니고 문자 그대로 '뼈저리게'— 느꼈을 것이다. 그리고 어떻게든 다시 권력의 자리로 돌아가고 싶다는 염원을 품었음직하다. 피렌체 시에서 추방당한 그가 산 카스키아노라는 시골에 머물면서 저술한 『군주론』에서 그는 자신을 몰락시킨 바로 그 메디치 가에 대해 이런 헌정사를 올리고 있다.

풍경 화가는 산이나 기타 높은 곳을 그리기 위해서는 골짜기와 같은 저지대에서 바라보고, 평원과 같은 곳을 그리기 위한 좋은 전망을 확보하기 위해서는 높은 곳에 올라가게 마련입니다. 마찬가지로 인민의 성격을 적절히 이해하기 위해서는 군주가 될 필요가 있고, 군주의 성격을 적절히 이해하기 위해서는 인민의 한 사람이 될 필요가 있습니다. … 그리고 위대하신 전하께서 그 높은 곳에서 어쩌다 여기 이 낮은 곳에 눈을 돌리시면 제가 엄청나고 잔악한 불운에 의해서 얼마나 많은 부당한 학대를 겪고 있는가를 보시게 될 것입니다.

얼마나 비애감이 느껴지는가! 바로 자기를 고문하고 추방시킨 그 메디치 가문에게 자신이 그들을 정말로 흠모하고 있으며 자신처럼 훌륭한 인물은 한번 써보면 아시겠지만 정말로 큰 도움이 되리라는 식의 내용을 헌정사에 담고 있는 것이다.

그러나 이 책을 써 보냄으로써 자신의 능력을 다시 인정받고 권력의 자리로 돌아가고자 하는 것이 정말로 그의 목적이었을지 모르겠는데, 그것은 결국 이루어지지 않았다. 그 후에도 그는 거의 대부분의 일생을 시골에 처박혀서 야인 생활을 해야 했다.

그가 할 수 있는 것은 단지 책 속의 세계로 돌아가서 고대의 현인들과 정치가들을 만나 대화하는 것이었다. 그의 친구 베토리에게 보내는 편지에서 당시 생활의 일면을 읽을 수 있다.

저녁에는 집에 돌아와서 서재에 들어갑니다. 들어가기 전에 나는 하루 종일 입었던 진흙과 먼지 묻은 옷을 벗고 궁정에서 입는 옷으로 정장을 합니다. 그렇게 적절히 단장을 한 후, 옛 선조들의 궁정에 들어가면 그들은 나를 반깁니다. 그리고 거기서 오직 나만을 위해 준비된 음식을 먹습니다. 나는 그들과 얘기하는 것을 주저하지 않으며, 그들의 행적에 대해서 궁금한 것이 있으면 그 이유를 캐묻습니다. 그들은 친절하게 답변을 하지요. 네 시간 동안 거의 지루함을 느끼지 않으며, 모든 근심과 가난의 두려움을 잊습니다. 죽음도 더 이상 나를 두렵게 하지 않습니다. 나 자신을 완전히 선조들에게 맡깁니다.

– 강정인 옮김, 『군주론』「부록」에서 발췌.

2. 책 읽어주는 남자 1

아직 『군주론』을 읽어보지 못한 사람들을 위해 몇 구절을 더 음미해보도록 하자. 구구절절 감동의 물결이 밀물져올 것이다.

인간들이란 다정하게 안아주거나 아니면 아주 짓밟아 뭉개버려야 한다. 왜냐하면 인간이란 사소한 피해에 대해서는 보복하려고 들지만 엄청난 피해에 대해서는 감히 복수할 엄두도 못 내기 때문이다. 따라서 사람들에게 피해를 입히려면 복수를 두려워할 필요가 없도록 아예 크게 입혀야 한다.

정치판과 깡패의 세계 사이에는 확실히 서로 통하는 바가 있고, 유사한 법칙이 적용된다는 것을 알 수 있다.

새로운 은혜를 베풂으로써 과거의 피해를 잊도록 만들 수 있다고 믿는 것은 자기기만에 빠지는 것이다. … 가해 행위는 모두 한꺼번에 저질러야 한다. 그래야 맛을 덜 느끼기 때문에 반감과 분노를 작게 야기한다. 반면에 시혜는 조금씩 베풀어야 한다. 그래야 맛을 더 느끼게 되기 때문이다.

이 말도 참 쓸모가 많은 말이다. 어쩔 수 없이 남한테 못되게 굴 때에는 눈 꽉 감고 한번에 해버려라. (혹시 어쩌다가) 남한테 좋은 일 해줄 거면 온갖 생색 다 내면서 조금씩 조금씩 하면서 가능하면 오래 끌어라.

사랑을 받는 것이 바람직한가, 두려움을 받는 것이 바람직한가? 사랑도 받고 두려움도 받는 것이 바람직하다. 그러나 동시에 둘 다 얻는 것이 어렵기 때문에 굳이 둘 중 하나를 선택해야 한다면 나는 사랑을 받는 것보다는 두려움을 받는 것이 훨씬 더 안전하다고 생각한다. …
이 점은 인간 일반에 대해서 말할 수 있다. 즉 인간이란 은혜를 모르고 변덕스러우며 위선자인 데다가 기만에 능하며 위험을 피하고 이득에 눈이 어둡다는 것이다. … 인간은 두려움을 불러일으키는 자보다 사랑을 받는 자에게 해를 끼치는 것을 덜 주저한다. 왜냐하면 사랑은 일종의 의무감에 의해서 유지되는데 인간은 지나치게 이해타산적이기 때문에 자신들의 이익을 취할 기회가 있으면 언제나 팽개쳐버린다. 그러나 두려움은 처벌에 대한 공포로써 유지되며 항상 효과적이다.

이것은 중세부터 르네상스에 이르기까지 군주들에 대한 조언을 다룬 책에서 가장 자주 거론된 문제였다. 군주는 인민에게 사랑을 받는 것이 좋으냐, 두려움을 받는 것이 좋으냐? 마키아벨리 이전의 사람들은 거의 대부분 이렇게 대답했다.

"아무렴, 사랑을 받아야 훌륭한 군주지!"

그러나 우리의 마키아벨리 씨는 견해가 다르다. 사랑을 받으면 좋기야 하지만 나라를 지키는 데에 그것은 거의 도움이 안 된다. 그보다는 평소 군주에 대해 무서움을 느끼도록 만들어놓으면 반란을 일으킬 엄두를 못 낸다. 왜 그런가? 글쎄 인간은 원래 그런 법이라니까. … 그런데 인민들의 '두려움'을 받는 것은 필요하지만 그렇다고 '미움'을 받아서는 안 된다.(양자는 엄연히 다르다.) 어떻게 하면 사람들의 미움을 안 받을 수 있는가? 답은 의외로 간단하다.

이는 그가 인민의 재산과 부녀자에게 손을 대는 일을 삼가면 항상 성취할 수 있다.

그래 놓고 하는 말이 걸작이다.

인간은 어버이의 죽음은 쉽게 잊어도 재산의 상실은 좀처럼 잊지 못하기 때문이다.

무기를 든 예언자는 모두 성공한 반면 말뿐인 예언자는 실패했다. 그것은 민중이 변덕스럽기 때문에 일어난다. 그들이 당신과 당신의 계획을 더 이상 믿지 않으려고 할 경우 힘으로라도 그들로 하여금 믿게끔 강제할 수 있어야 한다.

우선 말을 잘해야 한다. 그렇지만 말만 잘해서는 안 된다. 주먹도 세야 한다. 그래서 말하고 때리고 또 말하고 때리고 다시 말하고 때리고 …. 그래야 된다. 무기를 든 예언자, 이쯤 되면 통하지 않는 곳이 없다.

로마냐 지역을 점령한 한 공작은 그 지역이 예전부터 무질서가 난무하는 곳임을 알게 되었다. 이곳을 평정하기 위해 레미로 데 오르코라는 잔인하지만 유능한 인물을 파견하고 그에게 전권을 위임했다. 그는 단기간에 질서와 평화를 회복했으며 사람들은 그를 두려워했다. 그러다가 공작은 이제 시민들의 반감이 높아졌다는 것을 눈치 채고는 재판소를 설치하여 그동안의 엄격한 조치를 무마시켰다. 이제껏 행해진 잔인한 조치는 그의 잘못이 아니라 그의 대리인의 잔인한 성격에서 비롯되었다는 점을 보여주고자 했던 것이다. 그리고 적절한 기회를 이용하여 어느 날 아침 공작은 두 토막이 난 레미로의 시체와 형구들, 피 묻은 칼을 광장에 전시했다. 이 참혹한 광경을 본 시민들은 한편으로 만족을 느끼면서도 경악을 금치 못했다.

마키아벨리가 매우 훌륭한 통치의 사례라고 드는 일이다. 정치가는 남의 미움을 받아서는 안 된다. 그럴 일이 있으면 남한테 시킬 것! 그런데 국민들이 쉽게 속느냐가 문제일 텐데, 물론 쉽지는 않지만 잘하면 얼마든지 가능하다.

능란한 기만자는 속고자 하는 사람들을 항상 쉽게 발견할 수 있다.

인간은 반쯤 길들여진 동물 같기 때문에 그들을 다루는 것은 주인, 즉 군주 하기에 달려 있다. 그렇다면 군주들은 어떻게 해야 하는가?

3. 책 읽어주는 남자 2

훌륭한 군주가 되는 법을 마키아벨리는 이렇게 설명한다.

아킬레스나 고대의 많은 유명한 군주들이 반인반수의 카이론에게 맡겨져 보호 양육되었다는 점을 지적하고 있다. 반인반수를 스승으로 섬겼다는 것은 군주가 이러한 양면적인 본성을 사용할 필요가 있다는 점을 … 상징한다.

너무 쉽다! 백성들이 대개 짐승 같은 자들이므로 군주도 짐승의 도를 배워서 터득해야 한다. 그런데 어떤 짐승을 본받는 게 좋은가?

군주는 여우와 사자의 기질을 배워야 한다. 사자는 함정에 빠지기 쉽고 여우는 늑대를 물리칠 수가 없다. 따라서 함정을 알아채기 위해서는 여우가 되어야 하고 늑대를 혼내주려면 사자가 되어야 한다.

현명한 군주는 신의를 지키는 것이 그에게 불리하게 작용할 때 그리고 약속을 맺은 이유가 더 이상 존재하지 않을 때 약속을 지킬 수 없으며 지켜서도 안 된다. 이 조언은 모든 인간이 정직하다면 온당하지 못할 것이다. 그러나 인간이란 신의가 없고 당신과 맺은 약속을 지키려고 하지 않기 때문에 당신 자신이 그들과 맺은 약속에 구속되어서는 안 된다.

세상에 약속 지키는 정치인을 봤는가? 약속은 지키자고 하는 것이 아니다. 약속을 안 지켰다고 마음 불편해하지 마라.(그런 나약한 마음씨를 가지고 있으면 정치판에 나오지도 마라.) 사실 우리도 정치가가 약속을 안 지킨다고 너무 다그쳐서는 안 된다.

베네치아가 피렌체에 쳐들어왔을 때 밀라노 보고 도와달라고 하면서 만일 당신네가 나중에 침략을 받으면 꼭 도와주겠다고 약속을 한다. 그래서 위기를 넘긴다. 그런데 몇 년 후에 진짜로 밀라노가 침략을 받았는데 그 침략한 나라가 프랑스라는 대국이다. 그러면 약속을 지킨답시고 우리도 프랑스에 대들어서 밀라노와 함께 장렬하게 죽을 필요가 있는가? 죽는 것은 밀라노 하나면 충분하지 않은가?

우리는 관망의 자세를 유지하면서 사태를 예의 주시하고 경거망동하지 말 것이며 오직 조용히 우리 일에 힘쓰면 되는 것이다. 그러고는 느긋하게 우리 이웃이 혼나고 있는 모습을 구경하도록 하자. 곤경에 빠진 이웃을 돕지 못할 피치 못할 사정은 얼마든지 찾아낼 수 있다.

군주는 모든 좋은 성품을 실제 구비할 필요는 없지만, 구비한 것처럼 보이는 것은 반드시 필요하다. 심지어 나는 군주가 그러한 성품을 갖추고 늘 가꾸는 것은 해로운 반면에 갖추고 있는 것처럼 보이는 것은 유용하다고까지 말하겠다.

이건 또 무슨 말인가? 군주는 착한 마음씨를 가질 필요가 없는 정도를 넘어서 착해서는 안 된다. 다만 정말로 중요한 것은 마치 착한 것처럼 남에게 보이는 일이다. 조금 더 자세하게 설명해보도록 하겠다.

군주를 만나는 사람들에게 그는 지극히 자비롭고 신의가 있고 정직하고 인간적이고 신실한 것처럼 보여야 한다. 그리고 이중에서도 특히 신실한 것처럼 보여야 한다. 이러한 문제에 관해서도 대부분의 사람들은 손으로 만져보고 판단하기보다는 눈으로 보고 판단하게 마련이다.

운명이란 우리 활동의 반의 주재자일 뿐이며 대략 나머지 반은 우리의 통제에 맡긴다는 생각에 이끌린다. … 운명은 자신에게 저항하기 위해서 아무런 힘이 조직되지 않은 곳에서 그 위력을 떨치며, 자신을 제지하기 위한 아무런 제방이나 둑이 없는 곳을 덮친다.

나는 신중한 것보다는 과감한 것이 더 좋다고 분명히 생각한다. 왜냐하면 운명의 신은 여신女神이고 만약 당신이 그 여자를 손아귀에 넣고자 한다면 그녀를 거칠게 다루는 것이 필요하기 때문이다. 그리고 그녀가 계산적인 사람보다는 과단성 있게 행동하는 사람들에게 더욱 매력을 느낀다는 점은 명백하다. 운명은 여신이므로 그녀는 항상 젊은 사람들에게 이끌린다. 왜냐하면 젊은 사람들은 덜 신중하고, 보다 공격적이며, 그녀를 더욱 대담하게 다루기 때문이다.

인간사는 정말 뜻대로 되지 않는다. 죽어라고 일 안 되는 사람이 있고 웬일인지 매사가 술술 잘 풀리는 사람이 있다. 인간의 노력만으로 될 일이 아니고 운도 따라야 된다고 생각하지 않는가? 이를 전문용어(!)로 운칠기삼運七技三이라 한다.

그러나 운이 전부를 좌우하는 것은 아니다. 같은 운이라 하더라도 인간의 노력 여하에 따라 많이 달라진다고 생각하고 매사에 임해야 한다. 운과 노력! 마키아벨리는 이것을 고전적인 용어로 포르투나fortuna와 비르투virtù로 표현했다.

이 말을 잘 뜯어보면 여권론자들이 너무 화가 나서 발을 동동 구를 표현이다. 운은 여성이니 앙칼진 성격으로 사람을 못살게 군다. 여기에 놀아나서는 안 된다. 이를 이겨내는 것은 오직 남성적인 힘이다. 비르투virtù는 덕德이라는 뜻과 동시에 남성적인 힘을 뜻한다. 여성은 가끔 거칠게 다루어줘야 오히려 좋아하는 법이니 과감하게 달려들어서 운을 손아귀에 넣어야 한다.(정치 문제에 대한 비유가 아니라 진짜 남녀 문제에 대해서라면 이 말 자체는 사실이 아니다. 요즘에는 차라리 온화하고 부드러운 맛으로 승부하는 것이 더 낫다.)

만국의 군주들이여, 각성하라.

4. 악마 같은 진실

『군주론』이 왜 '악마의 책'이라는 이름을 얻고 있는지, 왜 1559년에 교황청 금서목록Index에 올랐는지 쉽게 수긍이 갈 것이다. 그런데 요즘 풍조가 이상하게 돌아가서 이 책에 나온 내용을 곧이곧대로 받아들여서 일종의 처세술로 쓰려는 경향도 있는 듯하다.

그런 사람에게는 한마디만 해주고 싶다. 책 제목을 다시 봐라. 『군주론』! 이 책은 군주, 요즘 말로 하면 정치가들에게 하는 말이지, 우리 같은 일반 사람들이 세상살이하면서 이대로 살라는 것이 아니다. 실제로 이 책의 내용을 그대로 실천했다가는 모두 끝이 안 좋을 것이 분명하다.

그렇다면 정치학적으로는 그 내용이 합당한 것인가? 이 책의 가치는 무엇인가? 거기에 대해서는 정치학자, 정치사상가, 역사학자 사이에 설이 분분하다. 그가 폭군을 위한 책을 썼다는 평가와 그러기 위해서라도 국민의 복리를 최대화해야 하기 때문에 정반대로 읽어야 한다는 평가, 근대 정치의 시작을 알리는 책이라는 평가와 오직 고대 로마를 이상으로 삼고 있는 회고적인 책이라는 평가, 그가 이상주의자라는 평가와 냉혹한 현실주의자라는 평가 등이 엇갈린다.

심지어는 과연 그가 이 책을 쓴 의도가 일반적으로 이야기하는 것처럼 정치에 대한 조언의 사례들을 전달해서 자신을 다시 발탁해 달라는 것이 아니라 가장 비현실적인 조언을 해서 메디치 가문의 정치를 망하게 만들려는 의도였다는 주장까지 있다.

그런 모호한 점들을 놔두고 이 책에서 말한 것들만을 정리해보도록 하자.

마키아벨리는 인간에 대한 고찰로부터 자신의 견해를 정리한다. 이 책에서는 "인간은 원래 … 하는 법이다" 같은 표현이 자주 등장한다. 그의 인간관에 따르면 인간은 반쯤 길들여진 짐승과 같다. 이들은 대개 바보라서 주인(즉 군주) 말을 잘 듣는 편이지만 그냥 두면 주인을 물려고 하는 수가 있다. 그러니까 주인으로서는 이것들을 적당히 잘 조정해야 한다. 그래서 적당히 먹이를 주고 적당히 채찍질을 해야 한다. 게다가 종종 이웃 목장 주인이 와서 우리 가축을 훔쳐가는 수도 있으므로 그쪽에 대해서도 철저히 대비해야 한다.

이렇게 보면 마키아벨리는 정치가 무엇인가, 혹은 정치는 무엇이어야 하는가 등의 문제보다는 '어떻게' 정치를 해야 하는가 하는 기술적인 문제로 곧바로 나아간 셈이다. 국가, 권력, 인민, 권리 등의 기원이 무엇인가 하는 문제는 아예 제기도 하지 않았는데 그 이유는 그것은 따질 문제가 아니고 자명한 것이라고 간주하기 때문이다. 그렇기 때문에 그의 글은 명징성을 가질 수 있고, 그래서 그가 거의 의도적으로 던지는 충격적인 표현들이 더욱 빛을 발하는 것이다.

그가 힘주어 이야기하는 바는 모두 국가를 보존하는 '수단'에 관한 것들이다. 그 수단들이 합리성을 갖는가, 즉 효율적인가만을 따진다. 개나 말을 어떻게 잘 다루느냐와 거의 동일한 차원이므로 거기에는 도덕이나 의무와 권리 등이 개재될 여지가 없다.

아마도 마키아벨리가 말하는 핵심은 '권력의 경제학'이라고 부를 수 있다. 쉬운 예를 들어 권투 선수를 보라. 흥분해서 주먹을 마구 휘두르면 결코 이길 수 없다. 정확하게 사태를 파악해서 냉정한 자세로 폭력을 휘둘러야 원하는 목표에 이를 수 있는 법이다.

또 달리 표현하면 권력과 폭력이라는 독극물을 적절히 사용하여 독으로도 쓰고 약으로도 쓰는 점에서 차라리 '권력의 약학藥學'이라고 할 수도 있을 것이다.

물론 그가 그리는 세계는 기본적으로 16~18세기의 유럽이다. 그 이후가 되면 이 세계와 정치판 모두 대단히 크게 진화했기 때문에 마키아벨리의 생각이 전적으로 맞지는 않게 되었다. '문자 그대로' 받아들이면 이 책의 내용은 대부분 헛소리가 되고 만다. 그러나 이 책이 아직도 읽힌다는 사실 자체에서 알 수 있듯이 이 책은 우리가 살고 있는 '현실 세계'에 대해 오늘날에도 여전히 냉혹한 진실을 말해주고 있다.

웃음의 사회학

몰리에르의 『부르주아 귀족』

1. 어느 코미디언의 비극적 생애

몰리에르의 생애 가운데 유년기와 청년기 초반에 대해서는 알려진 것이 거의 없다. 다만 궁정의 실내 장식업자의 아들로 태어나 파리의 콜레주 드 클레르몽이라는 학교(오늘날에는 루이 르 그랑이라는 이름의 뤼세로서 명문 학교다)에 다녔으며, 어린 시절부터 외할아버지를 따라 극장 출입을 자주하다가 스물한 살이 되는 해에 돌연 극단을 조직하여 연극을 시작하고 당시 제법 잘 나가던 여배우와 결혼을 한 사실 정도가 알려져 있을 뿐이다.

그러나 이 정도만 해도 우리는 몰리에르가 어떤 인물인지 감을 잡을 수 있을 것 같다. 그는 큰 부자는 아니지만 그럭저럭 먹고살 만한 가정에서 태어나 가장 좋은 고등학교 중의 하나에 입학했다. 계속 그런 식으로 나아갔다면 평탄하고도 유복한 삶을 살았을 이

몰리에르.

머리 좋은 학생은 그러나 일찍이 '딴따라 세계'에 마음이 쏠렸고 결국 그 길로 들어서버린다.

유랑 극단을 한답시고 전국을 돌아다니지만 실패를 거듭하고 빚만 잔뜩 지게 된 단장 겸 배우 겸 매표원 겸 청소부…. 피에르 코르네유 같은 '클래식한' 비극 작가의 작품과 달리 넘어지고 쓰러지고 말장난하며 사람을 웃기는 삼류 저질 코미디나 한다고 비웃음만 샀던 작가.

그러다가 뒤늦게 어렵사리 빛을 보기 시작하자 곧 당대 최고의 희극작가 소리를 듣게 되고 결국 궁정에 들어가 국왕과 대귀족들 앞에서 작품을 공연하게 되었으며, 그 높은 분들을 위한 웃음거리를 만들어냈지만, 그러면서도 이 세상을 조롱하고 비판하고 웃음거리로 만들었던 인물. 그러나 그 때문에 더더욱 광대니 화류계니 하는 소리를 들어야 했던 인물.

그러므로 번득이는 영감으로 빚어낸 웃음 뒤편에 진정 눈물 젖은 빵을 씹어보았던 자만이 할 수 있는 뼈아픈 비판이 숨겨져 있는 것도 당연한 일이다. 그러나 그의 생애 가운데 가장 그를 잘 보여주는 것은 차라리 그의 죽음을 전후한 광경이리라. 병이 깊어가고 있던 말년, 자신이 직접 주연을 맡은 작품에 출연하여 혼신의 연기를 하고 있던 그는 공연 도중 무대에서 쓰러져 죽고 만다.

당시 배우는 교회로부터 파문당한 사람들이었기 때문에 종교 의식을 제대로 치르지 못했고 정식으로 묘지에 묻힐 수도 없었다. 다만 그를 사랑하던 국왕 루이 14세의 명령에 의해 밤에 몰래 묘지에 묻히게 되었으니, 그의 인생의 피날레는 진정 비극적인 코미디였다.

교회는 왜 그를 파문했을까? 배우란 본질적으로 위험한 인물이기 때문이다. 신이 정해준 질서, 인간이 제자리를 지키며 살아가게 되어 있는 이 세상에 대해 가상의 세계를 만들어 이리저리 비판하고 더구나 웃음거리로 만들다니 … . 이야말로 질서를 근본에서 어지럽히는 자가 아니고 무엇이란 말인가?

2. 웃음

몰리에르의 희극 작품은 물론 웃고 즐기기 위한 것이다. 그런데 사실 '웃긴다'는 것이 정확히 무엇인지 아직도 나는 잘 모르겠다. 도대체 사람들은 어떤 때 웃는 걸까?

다음의 이야기를 보자.

리틀 자니는 여섯 살짜리 어린아이다. 그의 엄마는 과부였다. 어느 날 자니가 바깥에서 놀고 들어오다가 엄마가 침대에 혼자 누워 있는 것을 보았다. 엄마는 자기 온몸을 어루만지며 "남자가 필요해, 남자가 필요해" 하고 혼잣말을 하고 있었다.

그런데 다음 날 저녁, 엄마는 진짜 어떤 남자와 침대에 같이 있는 것이었다. 그것을 본 자니는 곧바로 자기 침대로 달려갔다. 그리고 자기 온몸을 어루만지며 이렇게 이야기했다.

"자전거가 필요해, 자전거가 필요해!"

대부분의 사람들은 이 이야기를 듣고는 웃을 터이나, 정작 그게 왜 우스운 건지 그 심리적 기제를 이야기하기는 쉽지 않다. 아주 기초적인 분석이겠으나, 웃음은 정상적인 것norm과의 차이를 순간적으로 인식할 때 일어난다고 할 수 있다.

앞 이야기의 마지막 부분까지는 대개 우리의 상식 내에서 이야기가 돌아가고 있다. 그러므로 우리는 이야기의 그다음 부분 역시 우리가 대개 자연적으로 기대할 수 있는 내용이 이어지리라 생각한다. 예컨대 자니가 "여자가 필요해"라고 말할 것이라든가. …

그런데 결말에서 뜻밖의 내용이 나오고 그래서 순간적으로 우리는 우리가 정상적으로 생각하는 것과 이야기 사이에 어떤 '간격'을 느끼게 된다. 적어도 이와 같은 종류의 '간격'이 있지 않은 한 우리는 웃을 수가 없다. 사실 우리가 뻔히 알고 있는, 그리고 능히 짐작할 수 있는 내용이 이어진다면 그것은 결코 우습지 않다. 그렇다면 몰리에르의 작품 속의 웃음에서 그 '간격'은 대체 무엇일까?

몰리에르의 작품에는 여러 종류 혹은 여러 차원의 웃음 요소들이 혼재해 있다는 것을 알 수 있다. 기본적으로는 슬랩스틱 코미디의 요소들, 즉 배우들이 서로 때리고 넘어지고 뒹굴면서 웃기는 부분이 강하다. 몰리에르는 당시 유행하던 이런 수준의 코미디를 계승한 것이라 할 수 있다. 혹은 굳이 그것을 계승했다고 말하기보다는 차라리 어느 시대, 어느 사회에서라도 존재하는 기본적인 연희의 요소라고 하는 것이 맞을지도 모르겠다. 그리고 물론 여기에 언어유희의 재주가 더해진다. 말장난, 사투리 흉내 내기, 촌철살인의 재담 등 이런 것은 몰리에르의 천재성이 빛나는 부분이다.

중요한 것은 몰리에르가 이 수준의 코미디에서 한 걸음 더 나아가서 당시 사회가 안고 있던 풍속 문제의 근본 원인에 대해 날카롭게 지적하고 있다는 점이다. 말하자면 '삼류 저질 코미디'를 가지고 인간과 사회의 심층을 탐구하는 수준으로 끌어올린 것이다. 그러므로 우리는 그의 작품을 보면서, 때로는 깔깔거리며 웃을 수도 있고, 때로는 점잖게 '영혼의 웃음'을 지을 수도 있는 것이다.

그 자신은 자기 작품에 대해 "웃으면서 풍속을 고친다"고 이야기한 바 있다. 풍속을 고친다는 것이 무엇인가? 어렵게 따질 것 없이 그 당시 사회의 돌아가는 사정을 예리하게 꿰뚫어 알고 있으며 거기에 대해 비판을 가하는 것이 아니겠는가?

이제 『부르주아 귀족』의 이야기로 들어가보자.(우리나라에는 『서민 귀족』이라는 이름으로 번역되어 있는데, 엄밀히 말하면 일종의 오역이다.)

주인공 주르댕 씨의 아버지는 파리 한복판에서 옷감 장사를 크게 해서 한 재산 모은 사람이고 주르댕 씨 자신도 막강한 재력을 가지고 있다. 그야말로 가진 것이라곤 돈밖에 없는 사람으로서, 배운

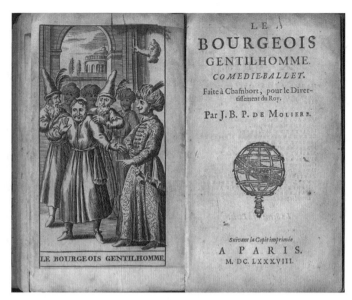

몰리에르의 『부르주아 귀족』(1688).

것 없고 신분이 낮아서 속앓이를 하는 사람이다.

그의 소원은 오직 귀족이 되는 것, 귀족처럼 사는 것이다. 그래서 검술 선생, 음악 선생, 무용 선생, 철학 선생을 가정교사로 초빙하여 귀족적인 기예와 지식을 배우려고 한다. 물론 이 희극 작품에서 이 선생들은 주르댕의 돈에만 눈이 팔려 있으며, 그래서 그에게 말도 안되는 것들을 가르친다.

주르댕이 당면한 두 가지 문제는 자신과 딸의 연애 사건이다. 그 자신은 어느 후작 부인을 사랑하려 하는 동시에 자기 딸은 귀족 남자에게 시집보내려고 한다. 그러나 후작 부인은 다른 몰락한 귀족의 연인으로서, 이 몰락한 귀족은 주르댕을 속여서 돈을 빼앗기 위해 후작 부인을 미끼로 이용할 따름이다. 또 그의 딸은 어떤 젊은이와 사랑에 빠져 있지만 주르댕은 그가 단지 귀족이 아닌 부르주아

출신이라는 이유만으로 물리쳐버린다.

이런 상황에서 주르댕의 부인은 남편이 허황된 망상에 빠져 있다는 것을 깨닫고 계속 그에게 정신차리라고 훈계한다. 약간의 얽히고설킨 갈등 끝에 결국 사람들은 딸의 연인이 터키 황제라고 속여서 딸과 결혼시키는 데 성공한다.

이와 같은 줄거리에서 곧바로 알 수 있듯이 이 작품의 기본적인 갈등은 '부르주아' 인사가 귀족이 되려고 한다는 점이다. 당시 재산을 많이 축적한 부르주아들이 성장해가고 있었고 그와 동시에 신분은 높되 재산이라고는 하나도 없는 —그래서 이 작품에 나오는 것처럼 부르주아를, 혹은 농민들을 갈취하는— 귀족들이 많이 존재했다.

성장하는 부르주아와 기존의 지배 계층인 귀족 사이의 갈등! 조선 시대 양반에게 푸대접받은 돈 많은 상민으로부터 오늘날 우리 사회에 지천으로 깔린 졸부들까지 위로 치고 올라오는 계급의 신분 상승 문제, 이것은 변화의 시기마다 어김없이 터져나오는 기본적인 사회 문제인 것이다.

몰리에르는 이런 갈등의 상황을 만들고 그 상황에서 여러 부류의 사람들이 서로 싸우게 만든다. 관객들은 그 싸움을 재미있게 구경하는 가운데 (남이 싸우는 것을 구경하는 것만큼 재미있는 일도 없다) "풍속을 교정"한다는 것이다.

주르댕 씨는 모든 면에서 그 당시 부르주아가 직면한 문제를 보여준다. 부르주아라면 거기에 합당한 삶의 방식이 있다. 그 규준을 가장 정확하게 인식하고 있는 사람은 주르댕의 부인이다. 그런데 주르댕은 그 규준에서 벗어나 귀족을 지향한다. 이 '간격'이 말하자면 이 연극에서 웃음을 초래하는 동력원이다.

그 갈등은 구체적으로는 여러 갈래로 가지를 친다. 하나는 물론 부르주아와 귀족 사이의 계급적 긴장이며, 다음은 딸의 결혼을 둘러싼 세대 간의 긴장이며, 또 다른 하나는 그와 부인 간의, 남녀 간 긴장이다. 이 모든 긴장을 한 몸에 지니고 있는 주르댕은 그야말로 위기의 계급으로서 부르주아를 잘 나타내고 있다. 부르주아는 당시 사회에서 가장 중요한 갈등의 무대 그 자체였던 것이다. 몰리에르는 이러한 사회의 구조적인 변동을 예리하게 느끼고 있었으며, 그것을 자신의 작품 속에 집어넣었다.

사실 주르댕의 입장에서라면 도저히 넘볼 수 없는 그 사회적 힘 앞에 무너질 수밖에 없다. 그 운명 같은 힘 앞에서 한 인간이 무너질 때, 특히 출중한 인간이 비장하게 쓰러지면 비극이 될 것이다. 그런데 주르댕처럼 우스꽝스런 인물이 갈등을 겪다가 그럭저럭 행복하게 결말을 맺으면 그것은 희극이 된다.

3. 자유롭고 위험한 영혼

원래의 지점으로 돌아가보자. 왜 웃기는가? 왜 웃는가? 몰리에르의 입장에서는 차라리 웃을 수밖에 없다고 해야 할지 모르겠다. 그의 '입장'이라고 했는데, 사실 그것이 아리송한 면이 없지 않다. 그는 국왕과 대귀족들 앞에서 그의 작품을 공연했고, 그래서 『부르주아 귀족』의 이야기는 귀족을 섣불리 따라오려는 멍청한 부르주아를 비웃는 것으로 되어 있다. 혹시 귀족을 욕하는 경우가 있다 하

자본주의 질서에 휘둘리면
서도 동시에 그것을 비웃었
던 코미디언 찰리 채플린.

더라도 그것은 몰락한 소귀족, 지방에서 농민들이나 괴롭히고 있는
잔반殘班 세력들을 손가락질하는 정도다. 그들은 귀족성을 잃어버
렸거나 배신한 인물들이기 때문에 놀림을 받아도 무방하다.

그러나 가장 심하게 욕을 먹고 있는 부류는 철학자, 음악가, 의
사 등 전문 지식을 가지고 있으면서 그것을 악용해 돈을 우려먹는
자들이다. 이렇게만 보면 몰리에르는 참으로 보수적인 작가라 하지
않을 수 없다. 그는 기존 지배층의 입장에 서서 밑에서 올라오는 사
람을 악의적으로 조롱하고 있기 때문이다.

그런데 그게 정말 그런가? 표면적인 이야기로는 그렇게 말할 수
있다 하더라도 그가 결코 어디에 매여 있는 것 같지는 않다. 그는
자유롭게 까불고 다니며 마음껏 떠들어대고 있다. 귀족이든 부르주
아든 누구든 상관이 없다. 사실 "떠오르는 부르주아 계급" 운운하
는 말에 너무 큰 의미를 부여할 필요도 없다.

물론 이 책에서 주르댕 부인이 하고 있는 말과 태도를 보면 몰리
에르는 새로이 상승하는 이 돈 많은 인간들의 '계급의식', 혹은 그

들의 자기 정체성을 확인하고 있는 것으로 보이지만 몰리에르 자신의 출신 성분을 보면 요즘 의미의 부르주아라기보다는 그 어디에도 확실히 끼지 못하는 '잡계급雜階級' 출신이라고 하는 것이 더 타당하다. 그런 만큼 그는 자유롭게 그 사회의 여러 간격을 이리저리 넘나들며 거칠 것 없이 자신의 재치를 뽐낼 수 있었던 것이다.

그러나 사회의 질서를 가지고 노는 것은 위험한 일이다. '당국'은 그런 자를 그냥 내버려두지 않는다. 당시 사회의 여러 부류의 인간들을 조롱하던 이 위험한 광대가 교회로부터 파문당해 죽은 다음 누울 자리 하나 잡기 힘들었던 것도 쉽게 이해할 수 있는 일이다. 다시 200년이 흘러 자본주의 질서를 마냥 비웃었던 채플린이 그 사회에서 추방되었던 것 역시 당연한 일이다. 그로부터 다시 몇십 년 후 유머 감각이라고는 전혀 없는 독재자 앞에서 한국의 어느 코미디언이 "가갈갈갈" 하면서 웃기려다가 실패하여 그만 방송 출연이 정지당했다던가. 또 다른 코미디언이 하필 대머리 독재자와 비슷하게 생긴 불경죄를 저지른 까닭에 숨어살아야 했던 것은 그 자체가 하나의 슬픈 코미디다.

권력은 웃음을 용납하지 않는 경향이 있다.

시대를 증언한 철학적 우화

볼테르의 『캉디드 혹은 낙관주의』

1. 어느 못된 철학자의 생애

여기 명민하고 마음씨 고약한 철학자가 있다.

그는 1694년 파리에서 프랑수아 아루에의 다섯 째 아들로 태어났다. 태어날 때부터 병약해서 누구나 곧 죽을 것이라고 여길 정도였다. 그가 평생 달고 다닌 병만 해도 점막 염증, 이질, 가려움증, 천연두, 인플루엔자, 열병, 복통, 단독丹毒, 통풍, 졸증, 폐충혈, 괴혈병, 헤르페스, 류머티즘, 배뇨 곤란, 난청, 소화불량, 수종, 이 빠짐, 목소리 상실, 신경염, 눈이 안 보이는 증세, 마비 등 수도 없이 많았다.

그러다 보니 늘 자신이 병에 시달리고 있다는 소리를 하기 좋아했고, 12시간 중에 2시간만 통증이 없어도 행복하겠다고 하소연했다. 더 나아가서 자신은 죽음을 달고 다닌다고 말하곤 했다. 그러면서 80년을 살다 갔다.

그의 집안은 공증인 가문으로서 상당한 부를 누렸고, 루이 르그랑이라는 파리의 명문 고등학교를 나왔다. 학교 다닐 때에는 공부도 열심히 하고 또 잘했으며, 그래서 아버지의 업을 잇기 위해 법학 공부를 했으나, 시인이 하기에는 너무 따분하다고 느껴서 걷어치우고 말았다. 연애 사건이 뒤를 이었고, 정부 당국을 비판했다가 바스티유에 11개월 동안 감금되기도 했다. 바스티유 감옥은 생긴 몰골은 흉악했으나, 실제로는 그 안에서 비교적 편안한 옥살이를 할 수 있었고, 남는 시간을 이용해서 작품을 쓸 수도 있었다.

그리고 여기에서 귀족 식으로 멋진 이름을 하나 지어 가지고 나왔으니 그것이 평생 그의 필명이 된 M. Arouet de Voltaire(아루에 드 볼테르)였다. 귀족과의 결투 사건으로 두 번째로 바스티유에 갈 처지가 되었는데, 이 골칫덩어리를 데리고 있으면 계속 골머리를 싸고 고생하리라고 생각해서인지 당국은 희한한 조건을 제시했다. 즉 영국으로 망명을 가면 석방하겠다는 것이었다.

그 결과 볼테르는 뜻하지 않게 영국으로 건너가게 되었는데 천부적인 어학 실력으로 금세 영어를 익혀서 영국의 고전들을 읽고 이 나라의 사회, 정치, 문화 등을 폭넓게 배웠다. 영국 체류는 그의 사상 형성에 무슨 의미가 있는 것일까? 프랑스혁명과 같은 '파괴적인' 방식이 아니라 영국식 합리주의, 자유주의 사상에다가 관용, 개인의 자유 그리고 정치적으로 온건한 입헌군주제를 지향하는 그의 사상적 경향과 어떤 관계가 있는 것일까?

이에 대해 후대 영국의 학자들은 볼테르가 영국에서 모든 것을 다 배웠다고 주장했으나, 프랑스 학자들은 볼테르는 영국으로 건너

파리의 국립묘지 팡테온에 있는 볼테르의 무덤.

가기 전에 이미 사상적으로 완숙해져 있었기 때문에 영국에서는 배운 것이 하나도 없다고 주장한다. 제3국인인 우리로서야 누구 편이 맞다고 섣불리 단언할 일은 아니다. 다만 프랑스에서 배태된 다음에 영국의 영향을 입어 그의 사상이 완성되었다고 말하면 무난할 것이다.

그는 영국에서 알렉산더 포프, 조너선 스위프트, 토머스 영, 조지프 존 톰슨 경 등 당대의 문인, 사상가들과 교류하면서 로크, 베이

컨, 뉴턴 등을 알게 되었다. 시인으로서 영국에 온 볼테르는 철학자가 되어 프랑스로 귀국했다.

볼테르가 우리 식의 '선비'와 분명히 다르다는 것은 그가 돈 버는 기막힌 재주를 가졌다는 점에서도 확인된다. 그는 아주 엄청난 재산을 소유하고 있었는데, 명확한 자료는 없으나 뭔가 은밀한 방식까지 사용한 듯하다. 매뉴팩처(경제사 교과서에 나오는 그 매뉴팩처!)에까지 투자했다고 기록되어 있는데 요즘 말로 하면 잘 나가는 벤처에 투자해서 한몫 잡았다고 보아도 될 듯싶다. 이 방면에서 그의 성품은 아주 욕심이 많은 것으로 알려져 있어서, 정말로 철저하게 돈을 모았던 모양이다. 그러나 쓸 때에는 상당히 관대하게 베풀었다는 말도 있으니 그야말로 개같이 벌어서 정승같이 썼다고나 할까?

그의 결혼 생활도 범상치는 않다. 그가 결혼한 샤틀레 부인은 아름다운 여인일 뿐 아니라 보통 사람 같으면 약간은 부담스러울 정도의 박식을 자랑하던 사람이었다. 이탈리아어와 라틴어를 잘 알아서 열다섯 살에 베르길리우스를 번역했을 뿐만 아니라 뉴턴의 『프린키피아』를 번역하여 프랑스에 사실상 처음으로 뉴턴의 과학을 소개했다. 또 수학, 물리학, 천문학이 취미인 데다가 시, 연극, 역사 그리고 『성경』 비판에도 능했고, 라이프니츠를 이해하는 독자였다.

이 두 지성은 그래서 서로 돕고 경쟁하면서 공부에 매진했고, 실험실을 세워서 같이 실험을 했다. 특히 『성경』에 대해서 두 사람이 꼼꼼하게 연구하며 비판했는데, 그들이 내린 결론은 당시에는 대단히 충격적인 것이었다. 『성경』은 믿을 수 없는 사건, 야만적인 이야기들, 모순된 증언, 비도덕적인 일화 등으로 가득 찬 혼란의 덩어리라는 것이다. 대개 기독교를 비판하는 사람들이 원래의 신앙 그 자체는 진정한 가치를 가지고 있으나 후대의 사람들이 썩어서 물이 흐려진 것이라는 식으로 이야기했던 데 비해 이들은 본격적으로 기독교를 거부했다. 이것이 볼테르 사상의 핵심을 이룬다.

바보와 악당이 존재하는 한 종교가 존재한다. 여러 종교 중에서도 우리 것(기독교)이 가장 우스꽝스럽고 불합리하고 유혈적이다. 기독교를 만든 것은 불관용과 광기다.

한마디로 성경은 미신이다! 그렇다면 그는 무신론자인가? 아니다. 그의 사상은 이신론理神論(deism)이라 이름붙일 수 있다. 그가 말하는 신은 '제1원인'에 가깝다. 이 거대한 우주를 그토록 정교하게 만든 것은 정말로 신의 솜씨이지만, 그 신께서 시시콜콜 우리 세상일에 간섭하면서 기도를 열심히 한 누구는 대학 시험을 잘 보게 만드시고 누구는 복권도 당첨되게 해주시고, 또 다른 자는 사업을 홀랑 망하게 만들어서 벌을 주시는 따위의 일은 하지 않으리라는 것이다.

볼테르는 프랑스에 발붙이기가 암만 해도 힘들었을 것이고, 그래서 스위스의 페르네에 저택과 마을을 단장하고 전 유럽의 지성들을 맞이해서 토론을 벌이면서(스스로를 "전 유럽에 대한 여관 주인"이라고 관대하게 불렀다) 자기 생각을 설파했다. 많은 경우 이런 인간도 마지막 순간에는 회개할 법도 한데, 임종 때 사제가 찾아와서 성사를 해주겠다고 하자 "나 좀 평화롭게 죽게 내버려 달라"며 거부한 것을 보면 죽을 때까지 자신의 생각에 투철했던 것 같다.

2. 캉디드

그의 저작은 실로 엄청나게 많아서, 파리의 국립도서관에서 커다란 서가 하나를 가득 메운 그의 전집을 보고 그만 주눅이 들었던 기억이 있다. 그러나 전문 연구자들 외에 일반 독자들에게 아직도 읽히는 책은 그리 많은 편이 아니고, 가장 유명한 작품인 『캉디드』 정도만이 널리 알려져 있다.

이 작품은 근대적인 소설은 아니다.(근대 소설 탄생 이전의 작품이라는 점을 밝히는 것이 온당한 일이리라.) 이 작품이 걸작인 것은 분명하지만 온갖 전통적인 장르들—철학적·사회적 풍자, 알레고리, 동화, 동양의 설화 등—을 섞은 다음 잘 걸러낸 '이야기'라 할 수 있다.

이 이야기의 줄거리는 비교적 단순하다. 저자는 최소한의 사실성마저도 무시한 채 황당한 이야기들을 마구 펼쳐간다. 네덜란드의 평화로운 성인 툰더-텐-트롱크에 퀴네공드라는 이름의 영주 딸과 캉디드Candide라는 이름 그대로 순진무구한 소년이 살고 있다.

그는 그의 스승 철학자 팡글로스에게 낙천주의 철학을 배웠다. 그 내용은 이 세상은 가능한 한 최선의 상태로 되어 있다는 것이다. 그러나 그의 철학과는 모순되게도 어느 날 캉디드가 사랑하는 퀴네공드와 키스를 하다가 영주에게 들켜서 성 밖으로 쫓겨나게 된다.

그는 배운 대로 이 세상이 최선의 상태라고 믿으려 하지만 현실은 전혀 그렇지 않다. 그는 독일의 군대에 징집되었다가 죽을 고생을 하기도 하고, 포르투갈에서는 지진을 겪은 데다가 교회에 의해 속죄양으로 화형까지 당할 뻔한다. 이런 식으로 그는 사랑하는 퀴네공드를 만날 날을 고대하며 에스파냐, 신대륙, 프랑스, 베네치아

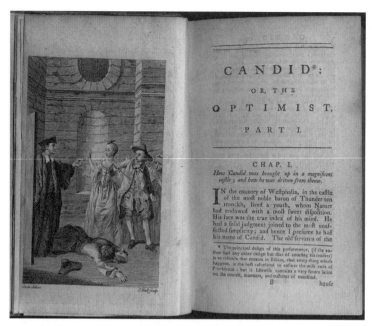

볼테르의 『캉디드 혹은 낙관주의』(1762).

를 거쳐 콘스탄티노플에 이르기까지 "이 세상을 겪어나간다."

그동안 그가 본 것은 어리석고도 폭력적인 전쟁, 강간, 종교적 불관용, 노예제, 강도, 살인, 질병, 지진 등 온갖 부조리하고 불행한 일뿐이다. 오직 한 군데 행복을 맛볼 수 있었던 곳은 신대륙의 엘도라도였으나, 신화 속의 이 세계에서만 완전한 행복이 보장된다는 점은 역설적으로 이 세상 어디에서도 완벽한 행복은 가능하지 않다는 점을 강조하는 듯 보인다.

그 험한 여정 끝에 다다른 종점에서 그는 어떤 생각을 하게 되었는가? 이곳에서 드디어 사랑하는 퀴네공드를 만났지만 그녀는 이제 형편없이 못생겨졌고 백 번 강간을 당한 데다가 입담도 험하고 걸진 쪼그랑 할머니가 되어 있었다.

그의 스승 팡글로스 역시 이곳에서 함께 사는데, 그는 아직도 자신의 낙관주의 철학을 완전히 버리지 못했다. 사실대로 말하면 팡글로스라고 그의 철학이 틀렸다는 것을 모르는 바 아니나 한 번 말한 이상 끝까지 이야기해야 한다고 믿기 때문에 여전히 낙관주의 철학을 말하고 있을 따름이다.

캉디드는 이 상황에서 자신의 생각을 다시 정리한다. 그것은 이 험한 세상을 겪어내면서 얻은 최소한의 지혜다.

"이제 우리의 밭을 갈아야 합니다."

그러자 팡글로스가 이렇게 덧붙인다.

"그렇다네. 에덴동산에 살던 사람들도 일을 하게 되어 있었다네."

중간에 동행하여 이들과 함께 살게 된 마르탱도 이렇게 말한다.

"따지지 말고 일합시다. 그것이 이 세상을 그래도 견딜 수 있게 만드는 유일한 방법이니까요."

사실 이 세상은 에덴동산이 아니다. 이야기의 처음에 나온 툰더-텐-트롱크 성은 캉디드에게는 잃어버린 낙원으로 기억되었지만 그곳이라고 결코 낙원은 아니었다. 이야기의 마지막에 도달한 곳 역시 마찬가지다. 그렇다. 이 세상은 에덴동산이 아니고, 그래서 최소한의 행복을 얻기 위해서는 우리의 밭을 갈아야 한다.

결국 이 세상은 가능한 한 최선의 상태로 되어 있지는 않은 것이다. 다만 노동을 통해 ―아주 넓은 의미의 노동이겠으나― 우리가 견딜 수 있을 정도의 최소한의 행복을 얻을 수는 있고, 그렇게 해서 우리는 이 세상을 조금씩 고쳐나갈 수는 있다. 그런 점에서 보면 이 작품은 비관적이라기보다 차라리 어떤 가능성을 열어두고 있다.

'인간은 다 그런 법'이라고 할 수 있으리라. 천년 전에 매가 비둘기를 잡아먹었듯이 오늘날에도 매는 비둘기를 잡아먹는다. 그것이 매의 본성이기 때문이다. 인간의 본성도 마찬가지다. 늘 전쟁을 하고 죄를 저지르고 서로 못살게 군다. 왜 인간이 그 모양이냐고 따지지 말라.

한 이슬람교 승려는 그 점을 이렇게 표현한다.

황제가 큰 배를 이집트에 보낼 때 그 배 안에 끼어 살고 있는 쥐들이 행복한지 불행한지, 그 쥐들이 유덕한 놈들인지 부도덕한 놈들인지 황제가 무슨 걱정을 하겠는가? 이 세상도 그와 같다. 이 우주 안에 빌붙어 사는 우리는 커다란 배 안의 쥐와 다를 바 없다. 쥐들은 이 배가 영원히 지속될 것인지, 설계사가 누구인지, 또 그 설계사가 왜 이 배를 지었는지 모른다.("이 우주를 지은 창조주는 내가 알기로 아직 그의 비밀을 우리에게 알려준 바가 없다.")

이들은 단지 자기 생명을 보존하고, 자기 구멍에 개체 수나 불리고, 자기를 잡아먹을 사나운 짐승을 피하려고 할 뿐이다. 그러니 인간의 천성이 덕성스러워지리라고 애초에 기대하지 말자. 그렇게 생각하고 나면 그다음에 차라리 이 세상에서 최소한의 행복을 맛볼 수 있다.

밉살스럽게 된 퀴네공드가 과자를 잘 굽는 재주 하나는 가지고 있듯이 … .

3. "이제는 우리의 밭을 갈아야 합니다"

앞에서 언급한 것처럼 이 이야기가 아무런 사실성도 없고(죽은

무지몽매한 종교인들에 의해 화
형당하게 되는 캉디드 일행.

사람이 살아나고 우연히 모든 사람들이 만나기도 한다) 너무 느슨한 모
양새를 가지고 있지만, 형식이 문제가 아니라 그 안에 담긴 것이 중
요하다는 것은 말할 필요도 없다. 그 점을 고려하고 나서 보면 이
작품은 시대정신의 절정으로서, 그의 시대가 이 작품 속에서 이야
기를 하고 있다고 해도 과언이 아니다.

볼테르는 계몽주의 철학자이고 계몽주의 철학은 프랑스혁명을
배태한 사상적 흐름이다? … 역사 교과서에는 그렇게 씌어 있다. 혁
명? 반드시 틀렸다고 할 수는 없으리라. 볼테르의 사상이 혁명으로
나아가는 큰 흐름의 하나인 것은 분명하기 때문이다.

그렇지만 그가 혁명을 예고했던 것은 아니다. 그 정도가 아니고

만일 그가 조금 더 오래 살아서 프랑스혁명의 상황을 보았다면 까무라쳤을 것이다. 시민들이 무기를 들고 시내에 몰려다니고 감옥에 갇힌 귀족들을 불러내 즉결 처형해버리고, 게다가 국왕을 재판에 회부하여 사형에 처하는 광경을 보았다면 그가 달고 다닌 여러 병 목록에 심장마비가 하나 더 덧붙여졌을 것이다. 그는 각 개인의 품위는 믿었으나 군중의 힘을 믿은 것은 아니다.

그는 귀족주의자이고 열렬한 군주정 옹호론자였다. 그에게 어울리는 말은 차라리 개선, 잘해야 개혁이다. 평등이니 제한 없는 자유니 혹은 심지어 교육의 확대 등에도 그는 반대했다. 그가 말하고 싶은 것이 있다면, 인민들의 부담을 덜어주고 그들이 최소한 살 가치가 있는 삶을 살도록 귀족과 엘리트들이 자제해야 한다는 것에 가까웠다. 즉 관용과 관대함을 가진 귀족이 그의 목표치였다.

그런 점에서 보면 그는 온갖 독설을 다하여 '쎄게' 이야기했지만 정작 그 내용은 얌전한 편이었다. 이 세상을 뒤집어엎기보다는 조금씩 개선해나가자는 것이고, 인간은 이성을 가지고 있으므로 그것이 가능하다는 것이다.

이 세상은 험하고 더럽고 악독하지만 그리고 우리 인간의 이성도 분명 한계는 있지만, 그래도 조금씩 조금씩 무지와 몽매를 이겨나갈 수 있으리라는 것 ―만일 그것마저도 부정해버린다면 너무 허망하지 않을까?

그러니 일단은 아무 소리 말고 우리의 일을 열심히 하자. 프랑스식 표현대로 "입 다물고 계속 헤엄쳐! Tais-tois et nage."

근대의 악몽

토머스 모어의 『유토피아』

1. 꿈

우리는 모두 꿈을 꾼다. 꿈속에서는 우리의 갈망, 우리의 연민, 혹은 우리의 고통과 슬픔이 다른 모습으로 변형되어 나타난다. 그래서 우리는 역으로 우리가 꾼 꿈을 통해 우리가 어떤 생각을 하며 살아가고 있는지를 짚어볼 수 있다.

한 사회도 마찬가지가 아닐까? 그 사회가 공통적으로 갈망하는 꿈을 보면 그 사회가 어떤 모순을 가지고 어떤 고통을 겪으며 살아가는지 알 수 있다. 그런 점에서 "내일의 진실"(빅토르 위고의 표현)이기를 바라는 오늘의 꿈인 유토피아 사상만큼이나 그 사회의 현실을 잘 보여주는 것도 없을 것이다.

토머스 모어의 『유토피아』는 근대로 접어드는 시기 유럽 사회의 고통을 반어적으로 드러내고 있다. 이 책에서 실명實名으로 등장하

토머스 모어.

는 토머스 모어는 가상의 인물 라파엘 히슬로다에우스와 대화를 나
누는 것으로 되어 있다.

그들의 대화는 자연스럽게 당시 사회의 가장 긴박한 문제점으로
이어진다. 이 나라에는 왜 이렇게 도둑들이 들끓는가? 어떤 날은 한
교수대에 20명의 도둑이 매달리기도 한다! 이 얼마나 가공스럽고
처참한 광경인가?

그만큼 이 사회에는 빈곤이 널리 퍼져 있어서 수많은 사람들이
당장 먹을 것을 구하지 못해 도둑의 신세로 전락했으며 이에 대해
국가는 오직 가혹한 억압으로 일관하고 있다. 그런데 국가가 그런
잔혹한 방법을 쓰는데도 왜 도둑은 줄어들지 않는가?

문제의 근본 원인은 딴 곳에, 아주 근본적인 곳에 있으므로, 현
상적으로 도둑들을 사형에 처한다고 문제가 해결될 리는 만무하다.
수많은 사람들이 절대 빈곤에 몰리는 구조적인 이유가 있는 것이

다. 아마도 이 책 『유토피아』에서 가장 널리 알려진 부분으로서, 이 책을 읽어보지 않은 사람이라도 교과서적으로 알고 있는 표현이 그 점에 대해 언급하고 있다.

"영국에서는 그 순한 양이 너무나 광포해져서 사람을 잡아먹는 다."

무슨 말인고 하니, 여태껏 다수의 농민들이 농사를 지으며 살아 가던 터전인 농토가 목양지牧羊地로 바뀌어버린 것이다. 영국과 주 변 국가들에서 모직물 공업이 발전해서 양모 값이 크게 오르자 농 사를 지어 곡물을 수확하는 것보다 양을 길러 양모를 시장에 파는 것이 훨씬 유리하다고 판단한 지주 귀족들이 농민들을 다 내쫓고 이 땅에 울타리를 쳐서 둘러막은 다음 양떼를 기르게 된 것이다.

예전에 수많은 농민들을 먹여 살리던 땅에 이제 목동 한두 명만 있으면 충분하게 되었다. 하루아침에 생계를 잃게 된 농민들은 품 팔이 농민이 되든지 그것도 여의치 않으면 도시로 흘러들어가 도시 빈민이 되었고, 그러다가 결국은 도둑이 되어 교수대에 매달리는 경로를 밟게 된 것이다.

근대의 발전은 사회에 많은 부富의 생산을 가능케 했으나, 그 성 과는 오직 소수의 사람들에게만 돌아가고 다수의 사람들은 오히려 더 심한 빈곤에 빠지게 되었다. 부의 증가와 대중의 궁핍화는 동시 에 일어날 수밖에 없었던 것이다. 말하자면 이 사회는 도둑을 만들 어놓고 처벌하는 꼴이다. 재화財貨란 사람을 행복하게 하기 위해 있 는 것인데 어떻게 된 일인지 재화의 생산이 늘어나면서 그것이 오 히려 인간의 목숨까지 앗아가게 한 것이다. 도대체 어디에 잘못이 있는 것일까?

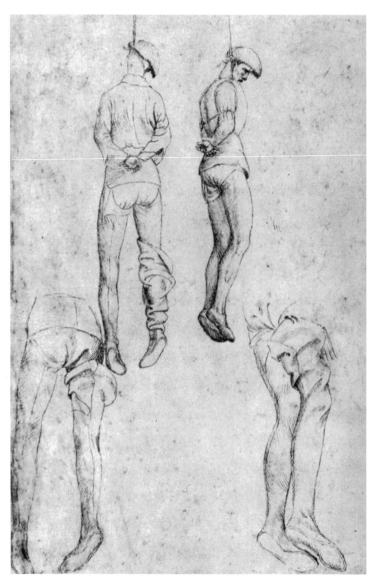

빈민들의 최종적인 운명인 교수대.

토머스 모어와 히슬로다에우스는 우선 사형이라는 극형만은 피해야 한다는 데에 합의를 보고 나서 당시 사회의 근본적인 문제를 해결할 방도에 대해 논의한다. 이들이 보기에 문제의 핵심은 부가 편중된 데에 있고, 그 원인은 다름 아닌 사유재산제에 있다.

사유재산이 있는 곳, 또 모든 것이 돈으로 평가되는 곳, 그 결과 극히 소수의 사람들이 모든 것을 독점해 갖는 곳에 정의와 번영이 실현될 수는 없다. 그러므로 이 사회가 올바로 나아가기 위해서는 사유재산을 없애야 한다. … 이런 논지를 표면적으로 따르다 보면 우리는 토머스 모어가 사회주의를 지향하는 혁명 사상의 먼 원조 정도로 생각하게 된다.

과연 모어는 '공산주의 사상가'인가? 그 문제에 대한 답은 일단 미루기로 하자. 그러나 우리는 자연스럽게 다음과 같은 질문을 던지게 된다. 소유의 의욕이 없으면 사람들은 남의 노력에 기대어 살려고 하므로 게을러지고, 또 누구도 열심히 일하려 하지 않으므로 사회 전체가 빈곤에 빠질 우려가 있다. 더 나아가서 만인이 평등하다고 하면 통치자들의 권위와 그들의 직위에 대한 존경도 없어진다. 말하자면 사회의 기본 법칙이 흔들리는 것은 아닐까?

모어 자신의 입을 통해 제기된 이 질문은 사실 사유재산제가 부인된 공산 사회에 대해 누구나 묻게 되는 것들이다. 그러나 그런 염려는 하지 마시라. 나는 그런 제도가 실제로 구현된 세계를 보고 왔는데, 그곳에서는 모든 사람들이 행복에 겨워하며 잘 지내고 있더이다 … 하면서 세계를 두루 돌아다닌 라파엘 히슬로다에우스 선장은 유토피아 국가를 자세히 설명하고 있다.

2. 유토피아의 생활

'아무 데에도 없는 곳'이라는 뜻을 가진 유토피아는 저 먼 신대륙 어딘가의 섬나라로 상정되어 있다. 이 나라의 가장 큰 특징은 무엇보다도 통일성 또는 획일성이다. 수도 격인 아마로우툼을 비롯한 54개의 도시가 가지런히 벌여져 있는데, 하나의 도시만 보면 다른 도시들은 볼 필요가 없을 정도로 똑같은 모양을 하고 있다.

쉽게 말해서 벌집과 같은 규칙적인 구조를 생각하면 된다. 완전히 계획된 도시 구역 안에는 또 완전히 똑같은 집들이 지어져 있다. 이 집들은 문이 쉽게 열리게 되어 있어서 누구나 마음대로 드나들 수 있고, 그나마 10년마다 집단적으로 집을 바꿔 살게 되어 있다. 그곳에서 또 시민들은 모두 똑같은 색깔, 똑같은 모양의 옷을 입고 산다.(이 점만 보아도 이 '이상향'의 풍광은 꿈에 나올까 두려울 정도로 섬뜩하다.)

그리고 결혼과 가정 문제는 국가에 의해 철저히 통제된다.

한 가정 내에 성인의 수는 10~15명으로 규정되며, 어떤 이유에서든지 성인의 수가 15명을 초과하면 일부 가족을 떼어서 다른 가족으로 넘겨버린다.

이 사회의 특이한 관습 중의 하나는 처녀 총각이 미래의 배우자 앞에서 모두 나체로 선을 본다는 것이다. 망아지 한 마리 사는 데에도 꼼꼼히 관찰하고 사는 마당에 평생 같이 살 사람을 고르는 데 얼굴만 보고 고를 수는 없기 때문이다!

한편 이 나라에서 감히 혼전 성교를 했다가 발각되면 엄중히 처벌받게 되어 있어서, 국가의 사면이 있지 않으면 노총각 노처녀로

유토피아의 지리적 묘사를 그림으로 옮기면 프로이트적인 의미의 자궁 모양이 된다는
지적을 흔히 한다. 1518년에 홀바인이 그린 목판화가 이를 잘 나타내고 있다.

늙어 죽어야 한다. 간통을 하다가 잡히면 패가망신 정도가 아니라 아예 노예가 되고, 그러고도 정신을 못 차려서 재범을 저지른 경우에는 사형에 처해진다.

또 부부가 이혼을 원하는 경우에는 "의회의 동의가 있어야 한다!" 개인 생활의 가장 내밀한 부분까지 국가의 통제력이 공공연히 미치고 있다는 점에서 유토피아는 두말할 필요 없이 최악의 전체주의국가다.

이 사회의 통제적인 생활 단면을 가장 잘 보여주는 부분은 공동 식사에 관한 것이다. 각 가정에서는 식사를 사실상 못하도록 금지하고 있으며 모든 사람들은 마을회관 같은 공공장소에서 공동 식사를 하게 되어 있다. 남자는 벽을 등지고 앉고 여자는 그 반대쪽에 앉는데, 그 이유라는 것이 혹시 여자가 식사 중에 진통을 느끼면 식탁을 어지럽히지 않고 빨리 이동할 수 있도록 하기 위해서다.

식사는 "도덕에 도움이 되는 명언"을 들으며 시작된다. 특이한 것 중의 하나는 이 유토피아 국가의 어린이들에게는 따로 음식을 마련해주지 않고 어른들이 먹다가 건네주는 것만을 받아 먹게 되어 있다는 점이다. 어른들에 대한 철저한 복종을 교육시키기 위해서 그런 모양이다.

또 노인네들은 젊은이들이 자유롭게 대화를 하도록 유도한 다음 그들이 어떤 능력을 가지고 있으며 어떤 생각들을 하는지 "포근히 즐거운 분위기 속에서" 엿듣는다. 사실 우리의 입장에서 볼 때, 날이면 날마다 마을회관에서 줄맞춰 앉아서 도덕적인 설교를 들으며, 또 교활한 할아버지들이 몰래 채점하는 가운데 밥을 먹어야 한다면 그리 유쾌한 식사는 아닐 것이다.

이 사회가 유지되기 위해서는 우선 식량 생산이 확보되어야 한다. 그러기 위해서 30가구마다 한 사람 꼴로 선출된 공무원인 시포그란테의 지휘 아래 모든 시민은 하루 여섯 시간씩 농사일을 한다. 유일하게 노동을 면제받는 사람은 시민들의 비밀투표에 의해 선출되는 학자들이지만, 단 이들 역시 기대에 합당한 성과를 못 내면 다시 농민의 지위로 돌아간다.(이 제도를 본떠 우리나라의 대학 교수들도 상당한 성과를 못 내는 경우 국영 농장 노동자로 만들어버리면 어떨까?)

하여튼 중요한 것은 놀고먹는 사람도 없고 지칠 때까지 과도하게 일하는 사람도 없이 모든 시민이 공평하게 노동을 하므로 하루 종일 일만 하는 것이 아니라 반드시 여유 시간을 가진다는 점이다. 그 남는 시간을 이용해서 사람들은 정신적 또는 지적 '쾌락'을 추구한다. 바로 이 점이 『유토피아』의 핵심이라고 생각한다.

모어가 그리는 이 사회에서 사유재산이 폐지되고 모든 사람들이 공평하게 노동을 하는 것은 물질적 평등 그 자체가 목적이 아니라, 그보다 더 상위의 가치인 '고급 쾌락', 즉 정신적 수련, 지적 탐구 등을 추구하기 위해서다. 표면적으로 공산제 사회를 설파하는 것 같지만 사실 그것은 정신적 가치를 추구하는 데 필요한 물질적 토대를 제공하는 한에서만 의미를 가지기 때문이다.

인간이 살아가는 이유란 무엇인가? 행복의 추구다. 그리고 행복을 가져다주는 것이 쾌락이다. 그러나 현실 사회에서는 많은 가짜 쾌락 혹은 저급한 쾌락이 존재하여 우리를 미혹시킨다. 예를 들어 옷은 단지 우리의 몸을 따뜻하게 해주는 정도면 충분한데, 많은 사람들이 멋진 옷을 입으면 자신이 훌륭하게 된다고 잘못 생각하고는 좋은 옷을 찾는 데에 정신이 빠져 있다. 그러므로 유토피아 사회

에서는 원래의 양털 빛깔 그대로의 소박한 옷만을 입도록 규정하고
있다.

다른 예를 들어보자. 금이나 은보다는 쇠가 훨씬 더 유용하다. 그
런데 사람들은 금이나 은에다가 더 높은 가치를 부여하고 있으며,
그 이유는 단지 희소성 때문이다. 이런 잘못을 교정하려면 결국 사
람들의 생각을 바꾸어야 한다. 그래서 유토피아 사회에서는 금을
가지고 요강이라든지 노예들을 묶어두는 사슬이나 족쇄를 만들고,
또 죄수들에게 금관을 씌워주기도 한다. 금 족쇄에 금관을 쓰고 금
요강에 오줌을 누는 사람이 노예일진대, 그 누가 금을 얻기 위해 안
달복달하랴.

보석도 마찬가지다. 여인의 손가락에 끼워져 있는 작디작은 돌
멩이가 무엇이 소중하단 말인가? 유토피아 사람들은 무한히 아름
답게 반짝이는 밤하늘의 별이야말로 진정으로 아름다운 보석이라
는 점을 알고 있기 때문에 다이아몬드 따위를 구하려고 애쓰는 법
이 없다.(물론 현실 사회의 여인들 같으면 저급한 가짜 쾌락의 유혹을 이
기지 못하고, 밤하늘의 별을 쳐다보는 것보다는 손가락 위에서 "불완전하
게 반짝이는 돌멩이"를 여전히 더 탐낼 것이다.)

결국 유토피아 사회는 하나의 거대한 수도원이라고 할 수 있다.
생각해보라. 모든 사람들은 똑같은 옷을 입고 공동 식사를 하며 정
해진 처소에서 살아간다. 그들은 모두 공동의 노동을 하고 남은 시
간에 자신의 덕을 쌓는다.

또 다른 관점에서 보면 이 사회는 무소불위無所不爲의 힘을 가지
고 있는 국가기구 아래에 통제를 받는 하나의 거대한 병영 혹은 하
나의 거대한 감옥과도 같다. 만일 이러한 유토피아가 실현된다면

그 속에서 인간은 진정 행복할 수 있을까?

헛간에서의 공동 식사로부터 아이들의 교육까지 이곳의 생활은 완전히 공동체적이다. 돈도 없고 임금도 없다. 각자는 하루 1킬로그램의 쌀, 1년에 500그램의 소금, 바지와 상의 한 벌씩을 받는다. … 밥을 먹기 위해서는 일해야 한다. 돈이 없으므로 협동 생활을 벗어나면 살아남는다는 것이 불가능하다. … 이들은 하루 여덟 시간 일하고 한 달에 사흘 쉬는데 휴식 기간의 대부분은 정치 학습과 교양을 위해 쓰인다. 도처에 있는 확성기는 당이 가르치는 혁명 사상을 끊임없이 토해낸다. …

한 혁명 사회주의사회는 섬뜩할 정도로 모어의 유토피아와 유사하다.

3. 지식인의 꿈, 민중의 꿈

『유토피아』는 경제, 도시계획, 시민들 사이의 관계로부터 시작해서 주민들 일상생활의 자잘한 면까지 상세히 묘사하고 있다. 그곳에 대한 설명을 듣고 있노라면 어떤 측면들은 놀라울 정도로 자세한 반면 그것들의 전체적인 연결은 불명확해서 마치 우리가 꿈에서 깨었을 때 전체 스토리는 잊었지만 몇몇 장면은 너무나도 생생하게 떠오르는, 그런 꿈을 연상케 한다. 유토피아는 서구 사회가 가지고 있는 꿈이다. 그것은 행복한 꿈일까, 악몽일까?

독일의 사회학자 카를 만하임은 그의 저서 『이데올로기와 유토피아』에서 유토피아란 사회에 변화의 욕망을 불러일으켜 기존 질서를 변혁시키려는 이념 틀이라고 보았다. 현재의 어려운 현실을 부정하고 더 나은 미래를 그려봄으로써 그 미래를 향해 나아갈 수 있게 하는 원동력이 된다는 것이다. 그러나 과연 그런가? 유토피아는 진정 변혁의 청사진인가?

여기에서 우리는 지식인의 꿈이 아닌 일반 민중들의 꿈, 즉 천년왕국설millenarianism을 살펴보고 이를 유토피아와 대조해볼 필요가 있다. 천년왕국설은 현세를 말세로 규정하고 이 사회가 무너지면 "선택받은 자들"이 먼저 부활하여 이 세상을 다스리는 지극한 행복의 시대가 천년 동안 계속되고 그다음에 진정한 최후의 심판이 도래한다는 중세적 혹은 고대적 사고다.

천년 동안 행복이 계속되는 그 시대는 어떤 사회일까? 거기에 대해서는 구체적인 언급이 없다. 단지 젖과 꿀이 흐르는 땅이라고 막연하게 이야기할 뿐이다. 천년왕국설은 무엇보다도 폭력을 통해 기존 질서를 무너뜨리는 것에 강조가 두어지지 그다음 시대의 구상이 문제가 아니다. 그것은 비참한 현실에 절망한 민중들이 절실하게 그려보는 원망顯望의 그림이며 따라서 그것이 어떻게 이루어질 수 있는지, 구체적으로 그런 이상향이 어떻게 조직되는지에 대해서는 아무런 개념이 없다. 오직 그런 이상향의 도래를 목마르게 갈망하고, 그러다 못해 그 내세를 더 빨리 맞기 위해 말세인 이 현실을 부수는 것에 강조가 두어질 뿐이다. 그런 세상이 오면 사람들은 아무런 근심 걱정 없이 마음껏 먹고 마시고 놀며 즐길 수 있으리라.

이에 비해 유토피아는 꽉 짜인 계획 속에서 엄정한 법이 유지되고 무엇보다도 모든 사람들이 의무적으로 일을 해야 하는 구체적인 모습으로 제시된다. 그것은 이 세상을 더욱 철저히 통제하려고 하는 지식인이 품은 열망의 산물이다.

유토피아는 미래를 지향하기보다는 차라리 과거를 꿈꾸는 것이다. 유토피아의 이상은 시간상으로 이미 지난 먼 옛날에 존재했던 "도시공동체Cité"다. 기하학적으로 아름답게 조화를 이루는 도시 구성(이것은 르네상스의 도시계획부터 르 코르뷔지에에 이르기까지 자주 등장하는 모티브다), 철학의 왕이 예지叡智를 가지고 통치하는 곳, 모든 것이 시계와도 같이 규칙적으로 돌아가는 완벽한 도시국가 … . 그것은 "상상 속의 과거"이며, "불가능의 열망"이다. 따라서 그것은 미래를 향한 변혁의 꿈이 아니라 아득히 먼 시초로 되돌아가려는 꿈이다.

왜 과거를 꿈꾸는가? 모어가 그의 유토피아를 집필하던 당시 서구 사회는 종교적으로 사회적으로 그리고 정치적으로 격변을 겪으며 동시에 급속도로 팽창하고 있었다. 종교 세계의 파열, 국왕에 대한 충성의 이념 붕괴와 같은, 그 당시 서구 사회가 고통스럽게 겪고 있던 상처에 대해 그 어떤 위안이 필요했다. 그것을 그는 현실의 세계가 아니라 먼 신세계에 그려보았다.

근대의 여명기에 그려진 많은 유토피아 사회, 그 빛나는 도시, 태양의 도시는 모두 저 먼 곳에 존재한다. 그곳은 현실의 당면한 문제를 잊어버리고 마법에 걸린 채 홀로 고립되어 있는 섬이다. 그곳은 높은 담벼락에 둘러싸여 있든지 드넓은 대양 한가운데에 있다. 마치 꿈이 환자의 욕망과 불안을 드러내주듯이 유토피아는 서구라는 환자가 도망가고 싶은 꿈속의 장소다.

4. 근대 사회

근대 이전의 사회에서는 이와 같은 강박적인 고통이 존재하지 않았다. '전통 사회'에서 개인의 존재는 사회 내의 한 집단 속에서만 의미를 갖는다. 예컨대 대장장이가 대장장이 길드에 속해서 일한다는 것은 단지 같은 직업 집단 사람들끼리 같이 벌어먹는다는 것만을 뜻하지 않는다. 그는 일생의 매 시각마다 신화 속의 대장장이 신이 하는 행동을 '재현'하며 살아가는 것이다. 그의 삶은 이렇게 해서 신화적인 의미를 부여받는다. 이 사회에서 인생은 영구불변의 시나리오에 의해 재생되는 필름과 같다. 여기에서는 진보라는 개념이 없다. 시간은 앞으로 가는 것이 아니라 영원히 반복·순환한다.

문제는 근대 초 서구 사회가 알을 깨고 나오듯이 이 틀을 깨고 나왔다는 점이다. 이 사회는 물질적 기술의 끊임없는 진보에 기초를 둔 채 개인의 자유를 추구한다. 이 세계에서 인간이 차지하는 의미는 근본적으로 바뀌었다. 이제 '도시공동체'적인 사고—성스러운 공동체, 과거와 현재가 하나로 되어 있는 사회, 모든 것이 마법으로 둘러싸인 곳—는 붕괴되고 문명은 앞으로 진보해나가는 것으로 바뀌었다. 이 사회의 사람들은 약속된 땅, 지상의 예루살렘을 향해 각자 전진하는 개인들이다. 이들이 가지고 있는 믿음은 미래의 언젠가 이 땅에 완전한 이상이 구현되리라는 것이다.

근대의 탄생은 사회적으로나 정신적으로 지난至難한 고통 속에서 이루어졌다. 이제 서구 사회는 천국과 현세 사이의 갈등에 빠지게 되었다. 언제나 고난의 때에는 이 갈등이 폭발한다. 그것은 흔히 종교적 이단의 형태를 띠고 나타난다. 오랫동안 소박한 민중들은 그들이 이야기하고 싶은 것에 대해 오직 종교적인 언사를 통해서만 말했다. 사회적으로 정치적으로 잘못된 것도 그들이 볼 때에는 "하느님의 뜻에 어긋난 짓"이며 "말세"였다.

억압받고 고통을 겪는 민중들은 곧 부자와 빈자가 없는 세상, 모두가 공평한 세상을 꿈꾸게 되고 그것을 곧바로 이 세상에 구현시키려고 한다. 이 세상은 말세이고 하느님의 새로운 질서는 코앞에 와 있다. 지금의 세상이 깨져야만 새로운 세상이 올 수 있다면 왜 이 세상을 부수려 하지 않겠는가? 이러한 폭력적인 천년왕국운동은 가진 자들을 불안에 떨게 했다.

똑같은 갈등 앞에서 배운 자들이 꿈꾸는 세계는 다른 형태로 나타나게 된다. 이미 완성된 아름다운 세계가 과거에 존재했다. 그것은 우리가 상실한 빛나는 도시다. 르네상스 시대의 인문주의자들로부터 계몽주의 시대의 철학자들은 모두 이 과거의 세계로 인도하는 안내자를 자처했다. 그것은 민중들이 고대하던 평등한 자들의 왕국과는 다른 모습을 띠고 있는 것은 물론이다.

다시 말하거니와 유토피아는 가진 자들의 반동反動으로서 철저하게 "계획된" 세계에 대한 전망이다. 그것은 우주적인 질서로부터 사회 규범, 남녀 간의 애정에 이르기까지 모든 것을 율법 속에서 파악하고 온갖 금지 사항들 속에 스스로를 가두어버리는 전통적인 도시 공동체의 엄격한 틀을 되찾으려는 노력이다. 엄정한 기하학적 도시 배치, 누구도 거역할 수 없는 제약적인 법, 국가가 관장하는 사랑 … 이 모든 것은 하나의 신화처럼 짜여 있다.

근대 서구 사회가 가지고 있는 병리 현상은 그 내부로부터 스스로에 대한 비판을 제기하고 있었다. 그것은 천년왕국설로 나타날 수도 있고 유토피아 사상으로 나타날 수도 있다. 이것들은 모두 기존의 틀로부터 바깥으로 던져진 상태Geworfenheit의 사람들, 이 세상에 자기 자신만이 홀로 남은 사람들의 생각이다.

그중에서도 유토피아는 천년왕국설의 거친 흐름에 겁을 먹은 사람들이 도피처로 얻은 꿈이다. 그곳은 어떤 고난에도 꿈쩍하지 않을 견고한 무변화의 세계가 될 것이며, 그곳에서 배운 자들은 여전히 이 세상을 그의 학문으로 다스리는 "철학자/왕"의 위치를 차지할 것이다. 밤새 악몽을 꾼 긴 밤 끝머리, 거친 바다 끝에서 겨우 찾은 고립되어 있는 섬에 대한 동경― 그것은 다름 아닌 자궁子宮으로의 회귀다.*

---

* 유토피아주의에 대한 나의 생각이 많이 바뀌었다는 사실을 깨닫는다. 이 글에서는 유토피아가 현실의 고통을 회피하기 위한 '위안의 장소'라는 의미가 강하다고 썼지만, 최근에는 유토피아가 사회의 발전을 도모하기 위해 비판적인 성찰을 하는 수단의 의미가 강하다고 생각하게 되었다. 주경철, 『어떻게 이상 국가를 만들까?』, 김영사, 2021.

악몽의 실현

헉슬리의 『멋진 신세계』

1. 흉몽

우리는 왜 꿈을 꾸는 걸까? 최근의 한 의학 연구는 이렇게 설명하고 있다.

우리는 낮 동안에 여러 경험을 하는데 밤에 자면서 마음속으로 이것을 잘 정리하려고 한다. 과거에 내가 했던 여러 경험에 비추어 오늘 낮에 일어난 중요한 사건과 생각을 반추해보고 그것이 의미가 없으면 버리고 기억해둘 필요가 있으면 우리에게 익숙한 스토리로 가공한다. 그런데 이때 낮 동안의 일이 지난 과거에 비해 너무나 낯선 것이라서 정리가 잘 안 될 때에는 무서운 꿈을 꾸게 된다고 한다.

이것을 개인의 차원이 아니라 사회의 차원으로 확대해보면 어떨까? 미래를 암울하게 그리는 영화나 문학 작품이 많이 등장한다는 것 역시 그 비슷한 논리에서 이해할 수도 있을 것 같다. 요즘 벌

올더스 헉슬리의 『멋진 신세계』
(1932)의 초판본 표지.

어지고 있는 일들이 우리의 정상적인 생각으로 이해하기에는 너무 변화가 빠르든지 너무 이상한 것들이라서 우리 스스로 그것들을 미처 소화해내지 못할 때 이것들이 일종의 악몽으로 변한 것이고, 그 배경으로는 우리의 상상력을 비교적 자유롭게 펼칠 수 있는 공간인 미래 사회가 사용된 것은 아닐까?

그렇게 본다면 『멋진 신세계』는 1920~1930년대 영국의 한 지식인이 그려본 그 당시 사회의 무서운 꿈으로 읽을 수 있을 것이다.

2. 행복

때는 포드 기원AF 632년. 과학과 기술이 고도로 발전해 있는 이

미래 사회는 포드주의Fordism를 구성원리로 삼고 있다. 포드주의라는 것이 무엇인가? 포드 자동차 공장은 최초로 컨베이어 시스템을 개발하여 생산 공정을 고도로 효율적으로 만들었다. 그러나 그것만이 포드주의의 전부가 아니다. 생산만큼 중요한 점은 수요를 스스로 만족시킬 수 있는 장치가 되어 있다는 점이다. 즉 공장 노동자에게 높은 임금을 지급함으로써 상품을 소비할 수 있는 여력을 준다는 것이다. 자동차만 하더라도 이제 이것은 귀족의 전유물이 아니라 일반인이 얼마든지 구입할 수 있는 대중 소비품이 되었다. 고도의 생산과 고도의 소비가 보장되는 원칙, 이것이 포드주의가 이 사회의 구성 원리가 된 연유다.

문제는 상품 생산에만 그런 방식이 적용되는 것이 아니라 인간자신에게까지 그런 방식이 적용된다는 점이다. 이 사회에서는 아이들이 공장에서 대량 생산된다. 그 공정에서 알파부터 입실론까지 여러 등급이 처음부터 결정되어 있다. 하층계급의 경우에는 발생 과정에서 화학 약품과 산소를 적절히 통제해서 지능이 낮고 몸집도 작은 개체들로 만들어낸다. 그것도 하나의 난자를 생물학적으로 처리하여 수십 명의 똑같은 쌍둥이를 만들어내 나중에 효율적이고 표준적인 노동을 제공할 수 있도록 만든다.(현재 우리에게 가장 심각한 문제의 하나로 떠오르고 있는 인간 복제의 문제를 1930년대에 예견하고 있었던 것이다!)

육체만 이렇게 통제하는 것이 아니다. 모든 어린이는 태어나면 곧바로 마음의 통제 과정에 들어간다. 당시 유행하던 파블로프 방식을 이용하여 각 개인은 이 사회를 위한 존재임을 의식 속에 철두철미하게 각인시킨다. 예컨대 아이들에게 꽃이나 책 같은 것을 보여주면서 전기 충격을 주어 자연스럽게 이런 것들을 싫어하도록 유도한다. 그렇게 하는 목적은 아이들이 자연을 멀리하고 자기 자신이 인간임을 포기하도록 만들기 위함이다. 이 사회가 원하는 방식으로 잘 통제되기 위해서는 "내가 나"임을 주장하면 안 되기 때문이다. 모든 사람들은 "인간적인" 측면이 "수치스러운" 것이라고 느낄 정도로 세뇌당한다.

이렇게 내가 나임을 포기하고 오직 전체를 위한 존재가 되는 것을 받아들이는 대가는 무엇인가? '복지'라고 말할 수도 있고, 약간 다르게 표현하면 '행복'이라고 할 수도 있다. 이 사회에서 제공하는 행복은 한마디로 요약하면 '욕망의 충족'이다. 사회는 개인에게 기본적으로 필요한 물품을 전부 제공하는 것은 물론이고, 온갖 종류의 오락까지 다 제공한다.

헉슬리가 그려내는 그 오락 중에는 지금의 감각으로 보더라도 아주 기발한 것이 많다. 예컨대 후각·촉각 영화는 정말로 환상적이다. 이 영화는 단지 화면에 그림만 나오는 것이 아니라 냄새와 느낌까지 전달한다. 키스신의 경우 관객의 입술에 연인의 입술 느낌이 그대로 전달되고 은은한 살 냄새까지 맡게 된다. 그야말로 말초 감각을 극단적으로 만족시켜주는 장치다.

그러나 이런 것들보다 더 중요한 요소가 있다면 그것은 다름 아닌 섹스다. 이곳의 남녀는 가정을 이루지 않는다. 가정을 이루지 않는 정도가 아니라 가정이라는 것이 금지되다 못해 가정이니 어머니니 하는 말을 듣는 순간 수치심을 느끼도록 감정 조절되어 있다. 아이를 생산하는 것은 말한 바처럼 공장에서 이루어지고, 대신 섹스는 남녀가 자유롭게 만나 가볍게 즐기는 스포츠가 되었다. 파트너는 계속해서 바꾸어야지 만일 한 사람과 몇 달 동안 만나는 것이 발각되면 처벌을 감수해야 한다.

이 모든 쾌락의 요소들에도 불구하고 아직 마음이 불편한 일이 있을 때에는 소마라는 이름의 마약을 복용한다. 몸에 전혀 해가 되지 않는 이 완벽한 알약 덕분에 모든 사람들은 평생 유쾌한 마음으로 살아갈 수 있다.

더구나 공장에서 인간을 제조할 때 이미 그렇게 만든 덕분에 사람은 늙지 않고 탱탱한 젊음을 죽을 때까지 유지한다. 그렇게 살기를 60년, 그러고 나면 어느 순간 전기가 다 빠진 배터리처럼 고통 없이 죽는다. 죽음에 대해서도 감정 조절이 되어 있기 때문에 죽는 자나 혹은 그 주변의 사람이나 누구도 슬퍼하지 않는다. 시체는 공장으로 가져가 중요한 성분들을 빼내는 방식으로 재활용된다.

3. 감각의 제국

이 얼마나 행복한 삶인가?

한 공기의 밥을 얻기 위해 아등바등해야 하는 기본적인 생존 문제를 해결한 것은 그렇다 치자. 온갖 문화와 스포츠를 마음껏 즐기고 있고, 어쩔 수 없는 인간의 저 깊은 욕망, 성의 문제까지 완벽하게 해결해 놓았다.

사실 인간의 만남이란 잠시의 열정적인 기쁨에 비해 얼마나 불편하고 고통스럽고, 한마디로 귀찮은 일인가? 그렇게 구질구질하게 놀 것 없다. 남녀는 속 시원히 만나서 며칠 화끈하게 즐기고 다시 다음 상대를 찾는 것이다.(남들은 안 그러는데 나만 그러면 불륜이지만, 이 사회는 모든 사람들이 그렇게 한다는 점에서 아무런 문제가 없다.)

혹시 마음에 불편함이 있으면 소마를 복용해서 최상의 안락함을 누리면 된다. 그러니 누구도 불만이 없다. 이 사회가 계급사회라고 하지만 이미 감정 조절이 잘 되어 있어서 자기 상태에 완벽하게 만족해하고 있으며, 사실 온갖 욕망이 다 만족되는데 굳이 불만을 가질 이유가 없다. 사회 문제라는 것이 있을 까닭이 없는 것이다.

수명을 60년으로 한정해 놓았으니 약간 짧다고 할 수는 있겠다. 그러나 대신에 죽는 순간까지 20대의 젊음을 유지하며 산다는 점을 고려해보면 병들어 초라한 모습으로 팔십까지 사는 것보다야 낫지 않은가? 심지어는 죽음의 공포까지 넘어서 있다. 드디어 유토피아가 구현된 것이다!

수업 시간에 대학교 1학년 학생들에게 이에 대한 솔직한 심정을 물었다. 그러자 거의 대부분의 학생들이, 만일 이런 사회가 실현될 수 있다면 기꺼이 이곳을 선택하겠노라고 한다. 나는 속으로 이렇게 생각했다.

'우리 학생들이 고등학교에서 보낸 삶이 정말로 험악했나 보구나. 행복을 도피 속에서 찾으려고 하다니 …….'

그러고는 헉슬리가 의도하고 있는 것, 그가 작품에서 그리고 있는 것은 이상향이 아니라 한 편의 지옥도라고 말했다. 그러나 우리 학생들은 전혀 그렇게 생각하지 않는 눈치다. 혹은 헉슬리의 원래 의도는 알겠지만 어쨌든 우리는 그곳으로 가고 싶다고 말하는 것 같았다. 그런 걸 보면 헉슬리는 정말로 탁월한 예언을 한 게 아닐까? 그가 작품 앞머리에 인용하고 있는 베르쟈예프의 말, "유토피아는 인간이 일찍이 믿었던 것보다 그 실현이 훨씬 더 가능한 것처럼 여겨진다. … 삶은 유토피아를 향해서 전진한다"는 것이 바로 실감이 난다.

우리 주변을 보라. 헉슬리가 그리고 있는 그대로의 모습이야 물론 아니지만 이 세상은 점차 '욕망 충족의 전체주의'라는 유토피아로 가고 있지 않은가? 섹스와 약물과 감각적인 오락의 범람은 우리의 존재를 망각할 정도로 우리를 휘감고 있지 않은가?

4. 내가 나이기를 …

멋진 신세계에서 사람들은 인간 존재의 고통스러운 문제들을 푼 것이 아니라 단지 그것을 회피했을 뿐이다. 내가 살아가는 의미, 가치, 진선미의 문제, 내가 과연 잘 살아가고 있는가, 내가 이 세상에 존재하는 이유는 뭘까, 시간·신·죽음은 무엇일까? … 이런 것들에 대해 당당히 맞서서 대답을 찾지 않는다. 대신 그들은 —다시 말해서 우리는— 집단적으로 '행복'을 추구하고 있다. 그것은 극도의 감각적인 쾌락을 통해 우리를 아예 잊어버리는 것, 혹은 눈을 감는 것이다.

진정한 예술, 과학, 종교는 사람의 눈을 뜨게 만드는 것이지 눈을 감게 만드는 것이 아니다. 그러나 이 사회에서는 모든 것을 잊어버리고 오직 즐기라고 말한다. 예를 들어 사랑의 문제만 해도 그렇다. 사랑이 고통스러운 것일진대 그것을 사회 전체적으로 지워버리고 오직 섹스로만 환원해버렸다.

존 사전트, 「독가스 피해자」(1918~1919). 제1차 세계대전에서 처음 사용된 독가스는 현대 전쟁에 공포의 상징이 되었다. 이 그림은 크기와 주제로 볼 때 그리스의 프리즈를 연상시키지만, 영웅주의가 아니라 전쟁의 고통을 그리고 있다.

그런데 이런 해결책은 한 개인의 차원에서만 이루어질 수는 없기 때문에 사회 전체적으로 그것을 강요할 수밖에 없다. 그렇다면 이 사회는 왜 그런 방향의 선택을 한 것일까? 소설에서는 인류가 9년 전쟁을 겪고 나서 그렇게 진화했다고 설명한다. 그 9년 전쟁이 당시까지 인류가 겪었던 가장 처참한 비극인 제1차 세계대전임은 쉽게 짐작이 간다.

19세기 이래 문명의 발달로 세상은 갈수록 살기 좋은 방향으로 진보하고 있다고 믿는 사람들에게, 땅바닥에 쥐새끼처럼 웅크리고 독가스를 맡으며 죽어가는 전쟁의 경험은 지난 시절의 철없는 낙관주의를 무참하게 깨버리기에 충분했을 것이다. 많은 사람들은 고통을 피하고 세속적인 그리고 감각적인 행복만을 바라게 되었다.

그러나 이 유토피아의 사회에서도 정말로 모든 사람들이 다 거기에 동의하는 것은 아니다. 이 사회에도 균열의 요인들이 분명히 존재한다. 그들은 고독한 존재들이다. 고독한 자만이 내가 누구이고 시간이 무엇이며 죽음이 무엇인지 생각하는 것이다.(진정으로 고

독해본 자만이 진정으로 사랑할 수 있는 법!).

소설에서는 이런 자들은 공장에서 '제조 과정' 중에 약간의 실수로 이런 이상 현상이 발생한 것으로 되어 있다. 난자에 알코올 성분이 조금 과다하게 들어갔다나 뭐라나. … 그런 소설 장치야 어떻든 상관없는 일이다. 중요한 것은 하여튼 이들이 다른 사람은 전혀 하지 않는 짓들을 해서, 예컨대 홀로 겨울 바다가 보고 싶다는 둥 헛소리를 하면서 주변 사람들을 불안하게 만든다는 점이다.

그러나 본격적으로 이 사회의 균열을 파고들어가는 인간은 전혀 엉뚱한 곳에서 나온다. '문명'과는 동떨어진 '보호구역'이라는 곳이 있다. 이곳에서 생모에게서 태어나 '원시적인' 인간 그대로의 삶을 살고 있던 야만인 존Savage John이 이 사회에 흘러들어온 것이다. 영국인 작가가 그린 주인공답게 그는 언제나 셰익스피어를 암송하며 이 세상을 지내본다. 그리고 이 환멸의 세계를 모두 경험한 그는 이렇게 외쳐댄다.

"저는 신을 원합니다. 편안한 것은 원치 않습니다. 저는 시를 원하고, 현실적인 위험을 원하고, 자유를 원하고, 선을 원합니다. 저는 죄악을 원합니다."

"알 수 없군요. 당신은 불행하게 만드는 권리만 주장하는군요."

"네, 그래요. 나는 불행하게 되는 권리를 주장하고 있습니다. 늙어서 추해지고 무능하게 되는 권리는 말할 것도 없고, 매독과 암에 걸릴 권리, 기아의 권리, 더러워질 권리, 내일 일어날 일에 대해 끊임없이 걱정할 권리, 장티푸스에 걸릴 권리, 말할 수 없는 온갖 고통에 시달릴 권리 … ."

이걸 뭐라고 이야기할 수 있을까? 내가 나일 권리, 고통스럽더라도 내가 나의 삶을 살 권리!

물론 아직 한 공기 밥의 문제도 완전히 해결하지 못한 우리 사회로서는 당장의 일은 아니겠으나, 가공할 유토피아가 도래하여 우리에게 소마를 먹이고 사회가 우리 대신 삶을 사는 날이 조만간 찾아올지 모른다. 그때가 되면 나 같은 야만인은 어디로 숨어야 할꼬? 아마도 보호구역 내에서 '야만인 주씨 기념품 가게Savage Jou's Gift Shop'를 열고 문명인 관광객들에게 낡은 책들을 기념품으로 팔면서 고독한 삶을 연명하리라.

러시아,
신을 가슴에 품고 사는 민족

솔제니친과 톨스토이

1. 이반 데니소비치의 하루

지금까지 살아온 당신의 삶에 대해 다시 생각해보라. 오늘 당신은 어떤 하루를 보냈는가? 이반 데니소비치 슈호프가 보낸 그 나날을 생각하면 여태 고민이라고 했던 것이 한낱 푸념이고 당신의 슬픔도 일종의 사치다.

영하 30도의 날씨에 얼어붙은 벌판으로 달려가라. 그곳에서 무엇보다도 자신의 감옥을 지어야 하는 어이없는 노동 그리고 수용소로 돌아와 마주하는 멀건 국 한 그릇! 이 동토의 지옥에서 사람이란 어떤 존재인가? 무엇이 사람이게 만드는가? 사람은 무엇으로 사는가?

슈호프는 제2차 세계대전 중에 그야말로 얼떨결에 독일군에게 포로가 되었다가 도망쳐 나왔는데, 어이없게도 독일군 스파이로 몰려 강제 노동수용소 10년형을 선고받게 되었다. 순박하기 그지없는 농민이었던 그가 이런 연유로 노동수용소에 들어오게 되었듯이 이 수용소는 그런 무고한 인간들로 가득 차 있다.

해군 중령으로 함장까지 지냈던 부이노프스키는 연합군 일원으로 함께 싸운 영국 해군 함장이 우정과 감사의 표시로 보낸 기념품을 가지고 있었기 때문에 영락없이 간첩으로 몰려 이곳에 들어왔고, 영화감독 출신의 체자리는 그가 만든 첫 작품을 당국이 사상적으로 수상하다고 의심하는 바람에 들어왔다. 심지어 침례교도들은 그저 기도했다는 죄로 25년 형을 선고받았다. 이런 인물들이 모여 있는 이 수용소는 암울했던 스탈린 시대 소련 사회 전체의 상징 혹은 그 축소판이다.

아직 해가 뜨지 않은 시커먼 새벽, 슈호프는 몸이 안 좋은 상태로 일어난다. 체온이 38도만 되어도 의무실에 누워서 하루를 보낼 수 있으나 야속하게도 이것도 저것도 아닌 37.2도. 기온이 영하 30도 아래로 떨어지면 일을 하지 않으나 이날 아침 기온은 "겨우" 영하 27도. 하는 수 없이 슈호프는 다른 수용소 반원과 함께 하루 종일 일을 할 벌판으로 달려나간다.

그나마 그들이 일하는 곳은 건물 내부이기 때문에 좀 낫지만, 이웃 반은 "사회주의 단지" 건설 현장으로 나가게 되었는데 그곳은 바람 하나 가릴 데 없는 그야말로 허허벌판이어서 얼어 죽지 않으려면 끊임없이 곡괭이질을 해야 한다. 이곳의 모든 죄수가 하루를 살아가는 의미를 찾는 순간은 오직 먹을 때뿐이다.

우선, 한쪽 국그릇에 담긴 국물을 쭉 들이켠다. 따끈한 국물이 목

솔제니친.

을 타고 뱃속으로 들어가자, 오장육부가 요동을 치며 반긴다. 아, 이
제야 좀 살 것 같다! 바로 이 한순간을 위해서 죄수들이 살고 있는
것이다.

국물 한 그릇 그리고 여기에 더해서 최고로 운이 좋았던 이날 슈
호프가 얻어먹은 소시지 한 조각! 10년 동안의 삶에서 기억에 남을
정도로 좋았던 사건이 밤에 잠자리에 누워 소시지 한 조각을 씹은
것이었다니! 이것이 어찌 사람 사는 세상이란 말인가?

그렇다. 이들이 살아가는 이 세계는 모두 인간 이하의 존재들, 짐
승 같은 자들의 세계다. 이 작품에서는 거의 모든 비유가 짐승과 관
련이 있다. 늑대 같은 규율 감독관, 염소 떼처럼 몰려가는 죄수들,
죄수들 사이에도 차별을 두고 먹을 것을 다르게 해놓는 독사 같은
놈들….

누가 인간 세계를 이토록 어지럽혔단 말인가? 슈호프와 해군 중
령이 일하는 도중에 나눈 대화를 들어보자.

"해가 중천에 떠 있으니 열두 시겠군."
"해가 중천에 떠 있으면 열두 시가 아니고 한 시라네."

소비에트연방에서 최초로 강제 노동을 동원한 백해-발트해 운하의 공사 장면.

"아니, 왜 그렇지? 조상 대대로 누구나 알고 있어, 해가 높이 떠 있으면 정오라는 것쯤은 … ."

"그건 그 사람들 이야기야. 법령이 있은 다음부터는 오후 한 시가 되었을 때 해가 가장 높이 떠 있단 말이야."

"아니, 그따위 법령을 누가 만들었단 말이야."

"소비에트 정부지."

슈호프는 과연 하늘의 법칙마저도 그들의 법령에 따라야 한단 말인가 하고 의아해한다.

작가가 보기에 이 사회는 이미 하늘의 법칙에 벗어나 있는 것이다.

2. 의인(義人)이 있는 마을

"이곳에는 법칙이 하나 있는데, 그것은 밀림의 법칙이라는 거야. 그러나 이곳에도 사람은 살고 있지. 수용소 안에서 죽어가는 놈이 있다면 그놈은 남의 빈 그릇을 핥는 놈이고, 맨날 의무실에 갈 궁리나 하는 놈 그리고 정보부원을 찾아다니며 고자질하는 놈이야."

반장이 새로 들어온 반원들에게 해주는 말이다. 이 작품의 첫머리에 나오는 이 말은 이미 모든 것을 말해주고 있다. 많은 사람들이 인간으로서 살지 못하고 짐승처럼 살 수밖에 없는 것은 사실이다. 그러나 정말로 누구나 그런 것은 아니다. 아무리 간악한 탄압을 받더라도 영혼을 잃지 않은 사람들이 있다. 슈호프 역시 그런 사람이다.

그 역시 이곳에서 버텨내고 살아남기 위해서는 이곳의 법칙을 따라 살아야 한다. 주방 일꾼을 속여서 국 한 그릇을 더 타 먹고, 부자 죄수를 위해 줄을 대신 서주는 대가로 빵 한 개를 얻어내는 일을 해야 한다. 그러나 그는 인간이면 지켜야 하는 마지막 품위를 잃지는 않는다. 담배가 떨어졌을 때 담배 한 모금 피우고 싶은 생각에 온몸이 비비 꼬이는 한이 있더라도 남 앞에 비루한 모습을 보인다든지 쓰레기통을 뒤져 꽁초들을 긁어모으는 법은 없다.

그 힘겨운 상황에서 아무렇게나 먹는다고 누가 탓하랴마는 옛날부터 해오던 대로 모자를 벗지 않고는 빵을 먹을 수 없다. 그것이 뭐가 중요하냐고? 인간의 모습을 버리지 않았다는 마지막의 마지막 징표이기 때문이다.

그런 그이기에 그 어려운 사정에서도 남을 배려하는 마음을 가질 수 있는 것이다. 자기도 소포 한번 받아본 적이 없어 늘 궁핍하지만 그보다 더 재주 없이 못사는 귀머거리 동료를 위해서 "자, 한 모금 피워, 이 궁상맞은 녀석아" 하면서 담배 한 모금을 양보할 수 있고, 어렵게 얻은 비스킷 한 조각을 옆 침대의 침례교도에게 주기도 하는 것이다.

슈호프가 순박한 러시아 농민으로 남아 있다는 것은 노동에 대한 그의 태도에서 찾아볼 수 있다. 그는 강제 노동을 해야 하는 처지인데도 일단 벽돌쌓기 같은 일을 하게 되면 신명을 다해서 일을 한다. 10년이라는 긴 세월 동안 그를 가두어놓는 그 체제가 시키는 일일진대 오히려 일부러라도 일을 망쳐놓아야 맞지 않을까? 그러나 그는 그런 사람이 아니다. 사실 그런 심보를 가지고 있는 사람일수록 일찍 망가지는 법이다. 그의 정신세계에서는 인간이면 의당 일을 하며 살아야 하고 그렇게 해서 밥을 먹는 것이기 때문이다.

그런 그의 마음 저 깊은 곳에는 소박하다 못해 원시적인 러시아 농민의 신앙이 새겨져 있다. 겉으로 보기에는 그가 침례교도들을 비웃으며, 하느님을 찾는 것은 결코 들어주지 않는 탄원서를 들이미는 것과 같다고 말은 하지만 그는 여전히 자신의 하느님을 믿고 살아간다. 그와 동료들이 하루 일을 만족스럽게 끝내고 수용소로 돌아오는 도중에 나누는 대화에서 그것을 읽을 수 있다.(나는 이 부분이 이 작품에서 가장 아름답게 느껴진다.)

"이봐, 중령, 당신네들 과학적 이론으로는 없어진 달이 어디로 간다고 하는가?"

"어디로 가냐구? 그런 게 어디 있어! 그냥 우리 눈에 안 보이게 될 뿐이야."

슈호프가 고개를 흔들며 웃는다.

"만약 눈에 안 보인다면 그걸 어떻게 안단 말인가?"

"그럼, 자네 생각으로는 매달 새 달이 나온다고 생각하나?"

중령은 어이없다는 듯이 말한다.

"그게 뭐 그리 이상한가? 사람도 매일 태어나는데, 왜 달이라고 4 주에 한 번 태어나지 말라는 법이 있나?"

"이런 멍청한 녀석을 봤나? 해군에서는 자네 같은 멍청이는 한 명도 없었어! 그래 자네 생각으론 헌 달이 어디로 사라진다고 생각하나?"

"우리가 알고 있기로는 하느님이 헌 달로 별을 만드신다는 거야."

"이런 미개한 사람들 같으니라구! 그런 말은 들어본 적도 없어. 그래, 슈호프, 자네는 하느님을 믿는단 말인가?"

"아니, 그렇지 않으면?"

슈호프가 깜짝 놀란다.

"천둥소리를 듣고도 믿지 않을 수 있단 말인가?"

"그래, 그럼 하느님은 왜 그런 일을 하신다는 거야?"

"뭐라구?"

"왜 달로 별을 만드냐는 거야!"

"아니, 그걸 모른단 말인가? 별도 시간이 지나면 떨어지지 않나? 그래서 그걸 보충하느라고 그러는 거지!"

스탈린 체제가 되었든 그 무엇이 되었든 아무리 강하고 폭압적인

톨스토이.

체제가 사람들을 옥죄더라도 모든 인간의 순박한 영혼까지 다 앗아가는 것은 아니다. 일찍이 톨스토이가 그렇게 이야기하지 않았는가? 의로운 사람이 하나도 없는 마을은 없다. 그렇기에 인간은 벌판에서 울부짖는 들개 떼와는 다른 것이다.

3. 인간은 무엇으로 사는가

솔제니친은, 그러므로 톨스토이와 기본적으로 같은 대답을 하고 있는 것은 아닐까?

톨스토이가 쓴 민담 「사람은 무엇으로 사는가」를 읽어보자.

러시아 어느 마을에 세묜이라는 구두장이와 그의 부인 마트료나가 살고 있었다. 아주 가난했던 이들은 외투가 하나밖에 없는 데다가 그게 너무 낡아서 새것을 짓기로 했다. 그래서 마을 사람들에게 돈을 꿔준 적이 있는 세묜은 그 돈을 받아서 양가죽을 하나 사려고 마을로 갔다.

그러나 고작 20코페이카밖에 받지 못해서 화가 난 세묜은 그 돈을 몽땅 털어서 보드카를 사서 마셔버렸다. 땅거미가 지는 겨울 저녁, 그는 휘청휘청 집으로 돌아가면서 꿔준 돈을 안 갚는 농부들을 욕하고 있었다. 그런데 교회 담벼락에 뭔가 희끄무레한 것이 보이지 않는가!

가까이 다가가면서 보니 어떤 젊은 남자가 완전히 벗은 채 벽에 기대어 있었다. 세묜은 강도한테 당한 남자인가 보다 생각하고 무서운 생각이 들어서 얼른 지나쳐버렸다. 그러나 조금 가다가 다시 생각하니 차마 그 남자가 얼어 죽는 것을 그냥 내버려둘 수가 없었다.

그래서 그 남자에게로 가서 자기 옷을 입히고 겨우 부축을 해서 집으로 데리고 왔다.

"당신은 누구요?"

세묜이 물었다.

"나는 이 동네 사람이 아닙니다. 나는 하느님의 벌을 받는 중입니다."

그 사나이는 이렇게 말하고 입을 다물었다. 집으로 돌아오자 예상대로 마트료나는 길길이 뛰었다. 돈도 못 받고 술만 마시고는 웬 건달까지 데리고 왔다는 것이다. 그러고는 밥을 못해주겠다면서 이 사나이의 옷을 도로 벗기고 밖으로 강제로 밀어내려고 했다. 세묜이 아무리 설명하고 말리려 했으나 마트료나는 고집불통이었다. 마침내 세묜이 소리를 질렀다.

"마트료나, 당신에게는 하느님도 없소?"

그러자 겨우 마트료나는 자신의 행동이 지나치다는 것을 깨닫고는 두 사람에게 사과하고 밥을 짓겠다고 했다.

이때 그 사나이는 빙그레 웃었다.

다음 날부터 이 사나이는 이 집에 함께 살면서 세묜의 조수로서 구두장이 일을 배우고 그를 도와 구두를 지었다. 그의 이름은 미하일이었다.

1년이 지났다. 그동안 미하일은 언제나 조용하게 지냈고 가끔씩 먼 곳을 쳐다보기만 했다. 그러던 어느 날, 이 집 앞에 마차가 한 대 서더니 어떤 귀족이 들이닥쳤다. 그러고는 아주 비싼 가죽을 내밀면서 이 가죽으로 좋은 부츠를 만들라고 명령조로 말했다.

"적어도 일년은 끄떡없을 정도로 단단히 꼬매라."

그러면서 의자에 거만하게 앉아 발의 치수를 재게 했다. 그런데 미하일이 이 귀족의 말을 듣는 둥 마는 둥 하면서 귀족의 뒤편을 빤히 응시했다. 그러더니 갑자기 빙긋이 웃는 것이었다. "자넨 왜 싱글거리는 거냐?" 하고 야단을 친 귀족은 곧 말을 타고 떠나버렸다.

이제는 세묜보다 미하일의 솜씨가 훨씬 좋았기 때문에 세묜은 그에게 귀족의 부츠를 짓도록 시켰다. 그런데 다음 날, 부츠가 어떻게 만들어지고 있는지 보려고 세묜이 왔다가 기절을 할 정도로 놀라고 말았다. 미하일은 부츠가 아니라 슬리퍼를 단정하게 만들어놓은 것이다.

세묜이 너무 놀라 말을 못하고 있는데 어제 왔던 귀족의 하인이 들이닥쳤다.

"우리 나리께서 어제 저녁에 갑자기 돌아가셔서 그 가죽으로 부츠를 만들 것이 아니라 시체에 신기는 슬리퍼를 만들어야 합니다."

그러자 미하일은 조용히 그 슬리퍼를 하인에게 내주었다.

다시 세월이 흘러 6년이 지났다. 그동안에도 미하일은 아무런 이야기도 하지 않은 채 묵묵히 구두를 만들었다. 그러던 어느 날, 창밖을 내다보던 이 집 아이가 이렇게 말을 했다.

"미하일 아저씨, 어떤 아줌마가 아이 둘을 데리고 우리 집으로 오고 있네요."

그런데 평소 그런 일이 한 번도 없던 미하일이 갑자기 하던 일을 멈추더니 창밖을 뚫어지게 쳐다보는 것이었다. 조금 있자 정말로 어떤 부인이 여자 아이 둘을 데리고 들어오는데 한 아이는 한쪽 다리를 절고 있었다. 그 부인은 아이들을 위한 구두를 주문했다.

세묜은 그 부인과 이야기를 나누면서 아이들 일을 이것저것 물었다. 그런데 부인은 이 아이의 어머니가 아니라는 것이었다. 이 아이들은 6년 전에 태어난 쌍둥이인데 아이가 태어나기 사흘 전에 아버지가 죽고 어머니는 아이들이 태어난 지 하루 만에 죽었다는 것이다.

그리고 자기는 옆집에 살고 있었는데 이 쌍둥이가 불쌍해서 데려다가 키우고 있다고 했다. 그런데 하느님의 뜻인지 그 두 아이는 잘 컸으나 정작 자기 아이는 2년 후에 죽고 말았다고 했다. 이 말을 들은 마트료나가 하느님의 도움으로 아이들이 잘 살고 있는 것 같다고 말하면서 눈물을 닦았다.

그런데 갑자기 미하일이 있는 쪽 구석에서 섬광이 비쳐서 온 방 안이 환하게 밝아졌다. 사람들이 놀라 그쪽을 보니 미하일은 두 손을 무릎 위에 얹고 위를 쳐다보며 싱긋 웃고 있었다.

4. 신의 그림자

미하일은 자리에서 일어나 주인 내외에게 허리를 굽혀 인사를 했다.

"하느님께서 용서를 하셨으니 주인 내외께서도 저를 용서하십시오."

세묜은 미하일에게 물었다.

"자네는 보통 인간이 아닌 듯하니 꼬치꼬치 물을 수는 없겠으나, 꼭 알고 싶은 것이 있네. 자네는 처음에 마트료나가 저녁식사를 지으려고 할 때 웃었고, 귀족 나리가 부츠를 부탁했을 때 두 번째 웃고, 또 두 여자아이를 보았을 때 세 번째로 웃었는데 그 까닭이 무엇인가?"

"저는 하느님의 천사였는데, 하느님의 뜻을 거역하여 벌을 받고 있는 중이었습니다. 저는 하느님의 뜻 세 가지를 알게 되면 용서를 받게 되어 있었는데, 이제 그 세 가지를 알게 되어 용서 받은 것입니다."

미하일은 이렇게 말하며 자기 일을 설명했다.

어느 날 하느님은 미하일에게 어느 여인의 혼을 거두어오라고 시켰다. 그가 그 여인에게 갔을 때 여인은 쌍둥이 아이들을 낳은 직후였다. 천사가 온 것을 알아본 그 여인은, 자기 남편이 사흘 전에 벌목을 하다가 나무에 깔려 죽고 다른 의지할 사람도 없는데 쌍둥이 아이들을 낳았으니 돌볼 사람 없는 이 아이들을 기를 수 있도록 해달라고 흐느끼며 부탁을 했다.

차마 산모의 혼을 빼앗지 못한 천사는 하느님께 가서 그 사실을 이야기했다. 그러자 하느님은 이렇게 말했다.

"여인의 혼을 거두어라. 그러면 너는 세 가지 말을 알게 되리라. 즉 인간의 내부에는 무엇이 있는가, 인간에게 허락되지 않은 것은 무엇인가, 그리고 인간은 무엇으로 사는가?"

그래서 미하일은 다시 인간 세계로 내려와 여인의 혼을 거두었다. 그때 여인의 시체가 침상에서 굴러 떨어지면서 한 아이의 다리를 누르는 바람에 그 아이는 한쪽 다리를 절게 되었다. 미하일이 여인의 혼을 하늘로 올리고 자신도 하늘로 오르려고 했을 때 갑자기 광풍이 일더니 미하일의 날개가 부러지며 땅으로 떨어지게 되었다.

그때까지 추위와 배고픔을 모르던 미하일은 이제 인간이 되어 사경을 헤매며 고통 받게 되었다. 교회 담벼락에 기대어 있는 중에 멀리 사람이 다가오는 것을 보았다. 그 인간은 사나운 몰골을 한 채 오직 돈 받을 궁리를 하면서 지나가버렸다. 그런데 조금 있다가 그 사나이가 다시 돌아와 자신을 부축하고 집으로 데려갔다.

아까의 얼굴은 죽음의 그림자만이 드리웠는데 이제는 다시 생기가 돌고 신의 그림자가 언뜻 비치는 것이었다. 그 사람의 집으로 가자 그 집 부인은 숨을 쉬기 힘들 정도로 독기를 뿜고 있었다. 그 여자가 자기를 추운 밖으로 다시 내쫓으려 했는데 만일 진짜 그렇게 했다면 그 여자는 곧 죽음을 면치 못했을 것이다.

그런데 남편이 하느님 이야기를 꺼내자 여자의 태도가 누그러지더니 밥을 짓겠다고 했다. 그러자 여인의 얼굴에는 죽음의 그림자가 가시고 거기에서 신의 얼굴을 볼 수 있었다. 그때 미하일은 깨달았다. 인간의 속에는 하느님의 사랑이 있는 것이다. 그러자 자신도 모르게 싱긋이 웃게 되었다.

두 번째 하느님 말씀을 알게 된 것은 귀족이 부츠를 주문했을 때였다. 귀족이 가게로 들어왔을 때 그의 뒤에는 예전에 자신의 친구였던 죽음의 천사가 서 있었다. 그 귀족은 자기가 그날 저녁에 죽는다는 것도 모른 채 1년 동안 신을 부츠를 주문하는 것이었다. 그래서 그때 미하일은 인간에게 허락되지 않은 것이 무엇인지를 깨달았다. 인간은 자신에게 무엇이 필요한지를 모르고 사는 것이다.

그러나 아직 전부 깨닫지는 못했다. 인간은 무엇으로 산단 말인가? 이것은 오랫동안 깨닫지 못한 채 기다리고 또 기다렸다. 그런데, 어느 날 자신이 이전에 영혼을 거두어들인 그 여인의 아이들이 집으로 찾아온 것이다.

산모는 부모가 없으면 아이들을 기르지 못할 거라고 이야기를 했기 때문에 그가 영혼을 거두어들이지 않았던 것인데, 6년이 지나 보니 아이들은 이웃집 여인이 엄연히 잘 기르고 있지 않은가? 더구나 그 여인이 아이들 이야기를 하면서 눈물을 흘리는 것을 보고 거기에서 살아 계신 신의 그림자를 보게 되었다. 사람은 하느님의 사랑으로 살아가는 것이다.

"모든 사람들은 자신을 살피는 마음에 의하여 살아가는 것이 아니라 사랑으로 살아가는 것이다. 어머니라 하더라도 자신의 아이들에게 진정 무엇이 필요한지 몰랐다. 부자도 자기가 1년을 살지 오늘 저녁에 죽을지 모르고, 자기에게 필요한 것이 부츠인지 시체에게 신길 슬리퍼인지조차 아는 것이 허용되지 않는다.

내가 인간이 되어 살아갈 수 있었던 것은 내가 자신의 일을 걱정했기 때문이 아니라 나를 불쌍하게 여기고 도와주었던 다른 사람들이 있었기 때문이다. 모든 사람들이 살아갈 수 있는 것은 모두가 자신만을 위해 걱정하기 때문이 아니라 그들 속에 사랑이 있기 때문이다.

나는 이번에 한 가지 일을 더 깨달았다. 하느님께서는 인간이 뿔뿔이 흩어져 사는 것을 원하지 않으신다. 그렇기 때문에 인간 각자에게 무엇이 필요한지 계시하지 않은 것이다. 그래서 모든 사람들에게 필요한 것이 무엇인지만을 가르쳐주신 것이다. 사랑하는 사람은 하느님 가운데 살아가는 것이다."

이렇게 말을 마친 미하일 천사는 등의 날개를 활짝 펴더니 천장을 뚫고 하늘로 올라갔다. 세묜과 마트료나가 이윽고 정신을 차려보니 집은 전과 다름없고 방에는 가죽 외에는 아무것도 없었다.

5. 신을 가슴에 품고 사는 민족

결론 1

「사람은 무엇으로 사는가」, 「사람에게는 어느 만큼의 땅이 필요한가」, 「바보 이반 이야기」, 「신은 알고 계신다: 그러나 기다리신다」 같은 톨스토이의 민화들은 정말로 우리의 마음을 푸근하게 한다. 마치 우리가 오랫동안 잊고 살았지만 마음속에 오랫동안 깊이 간직하고 있었던 어린 날의 아련한 그 무엇, 우리가 원래 가지고 있던 순박한 마음을 다시 보는 듯하다.

「사람은 무엇으로 사는가」를 다시 읽으면서 이런 생각을 해본다.

서울 거리를 걷다 보면 이곳이 바로 지옥이구나 하는 생각이 들 때가 있다. 사람 사는 곳이 아니라 들개들이 울부짖는 곳 같지 않은가? 모두 이 꽉 물고 전투적으로 살아간다. 사람들 마음 쓰씀이가 얼마나 표독한지 그리고 우리는 얼마나 악독한 분위기에서 살아가는지 … .

그러나 이 끔찍한 도시를 만든 것은 누구인가? 결국 우리를 괴롭히는 것은 우리 자신이다. 그러나 또한 우리를 구할 수 있는 것 역시 우리 자신 외에 누가 있겠는가? 사람은 원래 성스러운 존재가 아닌가?

릴케가 바라본 러시아의 대지, 지평선이 보이는 광활한 검은 땅 위에 살아가는 순박한 러시아 농민들 … . 도스토예프스키는 이 러시아 농민들을 일컬어 세상에서 유일하게 신神을 가슴에 품고 사는 민족이라고 하지 않았는가? 솔제니친 역시 그 어떤 압제 아래서도 러시아인의 영혼을 빼앗을 수는 없고, 또 러시아인이 그 영혼을 간직하는 한 결국은 구원에 이르게 된다고 믿었다.

결론 2

과연 그런가? 사랑하는 마음, 순박한 마음은 오늘의 우리를 구원하는 힘이 되어줄 것인가? 나는 그렇다고 믿고 싶다. 그러나 … .

톨스토이가 살던 당시 러시아를 여행한 사람들은 마을에서 귀족이 농민들의 얼굴을 채찍으로 때려서 얼굴에 피가 낭자하게 흐르는데도 맞는 사람은 무릎을 꿇고 귀족에게 빌고 있는 것을 보았다. 도망가다 잡힌 농노의 옆구리를 쇠꼬챙이에 꿰어 높이 매달아 죽이는 그림은 지금 보아도 두렵기 그지없다.

러시아 농민의 순박함? 성스러움? 그것이 굶어 죽어가는 그들, 가혹한 억압 속의 그들에게 어떤 의미를 가졌는가? 그런 것들이 오히려 사람들이 눈을 떠서 현실을 바로 보는 것을 막아버려서 흉포하기 이를 데 없는 차르 체제와 스탈린 체제를 유지시켜준 것은 아니었는가? 톨스토이여, 솔제니친이여, 당신들의 그 선량함이 이 시대의 희망으로 작용할 것인가?

참고문헌

제1부 역사의 발언

작고 행복한 나라의 역사

■ 레이덴대학과 관련된 에피소드는 다음의 책에서 인용했다.

Yves Cazaux, *Naissance des Pays-Bas*, Paris : Albin Michel, 1983.

독재 정치와 역사

■ 이 글에서 언급한 사례들은 다음 책에서 인용한 것들이다.

Marc Ferro, *Comment on raconte l'histoire aux enfants à travers lemonde entier*, Paris : Payot, 1983 (마르크 페로, 『새로운 세계사』, 박광순 옮김, 범우사, 1994).

■ 그리고 다음 책도 참조하라.

Marc Ferro, *L'Histoire sous surveillance*, Paris : Calmann-Lévy, 1985.

"주먹 센 놈이 이긴다!"

■ 이 글의 기본 내용은 다음에서 가져왔다.

Geoffrey Parker, *The Military Revolution*, *Military Innovation and the*

Rise of the West 1500–1800, Cambridge: Cambridge University Press, 1988.

돈키호테의 시대

- 다음 논문에서 많은 내용을 얻었다.

Pierre Vilar, "Le Temps du 'Quichotte'", *Europe*, xxxiv, 1956, pp. 3~16 (이 논문은 다음의 책에 영역되어 있다. Peter Earle ed., *Essays in European Economic History 1500–1800*, Oxford: Clarendon Press, 1974).

- 미겔 데 세르반떼스, 『돈끼호떼』, 김현창 옮김, 범우사, 1998.

국회의원들의 뇌를 반으로 잘라 서로 붙여라

- 조나단 스위프트, 『걸리버 여행기』, 신현철 옮김, 문학수첩, 1992.

"세상이여 망해라, 새 세상이 오도록"

- 이 글에서 소개한 천년왕국설에 대한 결정적인 연구서는 다음과 같다.

Norman Cohn, *The Pursuit of the Millennium*, Revised and expanded edition, Oxford: Oxford University Press, 1970.

지구의 젖꼭지로 가는 모험

- Margarita Zamora, *Reading Columbus*, Berkeley: University of California Press, 1993.

중국이 서쪽으로 가지 않은 까닭은

- 미야자키 마사카쓰, 『정화의 남해 대원정』, 이규조 옮김, 일빛, 1990.

- Felipe Fernández-Armesto, *The Global Opportunity*, London: Variorum, 1995.

- Sanjay Subrahmanyam, *The Career and Legend of Vasco da Gama*, Cambridge: Cambridge University Press, 1997.

먹느냐 못 먹느냐 그것이 문제로다

- 맛시모 몬타나리, 『유럽의 음식문화』, 주경철 옮김, 새물결, 2001.

유행과 사치 그리고 역사의 동력

- 베르너 좀바르트, 『사랑과 사치와 자본주의』, 이필우 옮김, 까치, 1997.
- 페르낭 브로델, 『물질문명과 자본주의 1』, 주경철 옮김, 까치, 1995.

근대사는 진보의 역사인가

- 이 글에서 소개한 노예무역에 대해서는 수많은 연구서들이 있으나 그중 다음 책들이 가장 기본적인 저작들이다.

Philip Curtin, *The Atlantic Slave Trade, A Census*, Madison: University of Wisconsin Press, 1969.

Patrick Manning, *Slave Trade, 1500-1800: Globalization of Forced Labour*, London: Variorum, 1996.

John Thornton, *Africa and Africans in the Making of the Atlantic World, 1400-1800*, Cambridge: Cambridge University Press, 1998.

역사 속의 인구

- 본문은 페르낭 브로델, 『물질문명과 자본주의 1』, 주경철 옮김, 까치, 1995

을 참조했다.

- 보론의 그래프와 그 설명은 다음의 책에서 인용했다.

R. Muchembled, *Les XVIe et XVIIe siècles*, *Histoire moderne*, Paris: Bréal, 1995.

살아라 그리고 기억하라

- 영화 「쇼아」는 Claude Lanzmann 감독, 「Shoah」, 프랑스 1974~1985, 러닝타임 9시간 30분. 인권운동사랑방에서 한국어판으로 출시되었으며, 제2회 인권영화제 상영작이었다.
- 이상빈, 『아우슈비츠 이후 예술은 어디로 가야 하는가』, 책세상, 2001.

일본, 서구의 그림자

- 「가케무샤」(影武者)는 구로사와 아키라 감독, 일본·미국 공동 제작, 러닝타임 179분. 제32회 칸영화제 최우수 작품상을 수상했다.
- 이 영화에 대한 최원식의 코멘트는 다음의 책을 참조했다.

최원식, 「한국발(發) 또는 동아시아 발(發) 대안: 한국과 동아시아」, 정문길 외 엮음, 『발견으로서의 동아시아』, 문학과지성사, 2000.

영화와 프로파간다

- 마르크 페로, 『역사와 영화』, 주경철 옮김, 까치, 1999.
- Richard Taylor, *Film Propaganda*, *Soviet Russia and Nazi Germany*, London: Tauris, 1998.

제2부 문학 속의 역사

'나'를 만나는 두려움, 고대 그리스의 여인들 1·2

■ 소포클레스의 「오이디푸스」, 아리스토파네스의 「뤼시스트라테」, 에우리 피데스의 「메데이아」의 인용 부분은 이근삼 외 옮김, 『희랍극선』, 삼성판 세계문학전집, 1979에서 따온 것이다. 이 책은 절판되었고, 최근에 새로 나온 판본으로는 현암사 판 『희랍비극』 전 2권, 『희랍희극』, 개정판 1995가 있다.

■ Luci Berkowitz trans., *Oedipus Tyrannus*, New York : Norton, 1970.

■ 조셉 캠벨·빌모이어스 대담, 『신화의 힘』, 이윤기 옮김, 고려원, 1996.

■ Joseph Campbell, *The Hero with a Thousand Faces*, Princeton : Princeton University Perss, 1968.

■ 高津春繁 외, 『그리스·로마의 고전 문학』, 이재호 옮김, 탐구당, 1982.

지옥으로의 여행

■ 단테의 『신곡』 중 「지옥 편」은 김의경 옮김, 혜원출판사 본을 참조했다.

■ 역사적으로 지옥의 개념 변화를 추적한 연구서로는 다음의 책이 있다. 앨리스터너, 『지옥의 역사』, 이찬수 옮김, 동연, 1998.

■ Aaron Gurevitch, *Medieval Popular Culture* : *Problems of Belief and Perception*, Cambridge : Cambridge University Press, 1988.

악마의 책

■ 참조한 마키아벨리의 『군주론』은 다음과 같고, 이 책들의 해설 및 부록 부분들을 유용하게 이용했다. 강정인 옮김, 『군주론』, 도서출판 까치, 1994.(한국어본)

David Wootton tr., *The Prince*, Indianapolis : Hackett, 1995.(영역본)

Le Prince, Paris : Gallimard(Paul Veyne의 서론), 1980.(불어역본)

웃음의 사회학

■ 몰리에르의 *Le Bourgeois Gentilhomme*은 민희식 옮김, 『몰리에르 희곡 선』, 범우희곡선, 1991에 『서민 귀족』이라는 이름으로 실려 있다.

시대를 증언한 철학적 우화

■ 볼테르의 작품 *Candide*는 영역본 Ben Ray Redman ed., *The Portable Voltaire*, New York : Penguin, 1949에 실린 판본을 이용했다.

■ 계몽사상과 프랑스혁명에 대해서는 다니엘 모르네 지음, 『프랑스혁명의 지적 기원』을 참조하라. 주명철 옮김의 민음사, 곽광수·이봉지 옮김의 일월 서각 두 군데에서 출간되었다.

근대의 악몽

■ 토머스 모어의 *Utopia*의 판본은 여러 종류가 있으나 Yale Edition of More's *Complete Works*, vol. 4, Yale University Press, 1964가 정본이라 할 수 있다.

■ 한글 번역본 역시 몇 종류가 있으나 이 글에서는 노재봉 옮김, 『유토피아』 (삼성출판사)를 인용했다. 이 책은 절판되었으나 현재 여러 출판사에서 번 역본이 나와 있다. Robert Adams ed., *Utopia*, New York : Norton, 1975도 참고했고, 특히 홀바인의 삽화를 이 책에서 취했다.

■ 천년왕국설에 대한 가장 중요한 연구는 앞에서 소개한 Norman Cohn, *The Pursuit of the Millennium*, Oxford : Oxford University Press, 1970이다.

■ 이 글에서 유토피아 사상과 천년왕국설을 비교하는 내용은 주로 다음 책에서 빌려왔다.

Jean Sevier, *Histoire de l'utopie*, Paris : Gallimard, 1991.

■ 토머스 모어의 전기로는 Richard Marius, *Thomas More, A Biography*, Cambridge : Harvard University Press, 1984가 있다.

악몽의 실현

■ 올더스 헉슬리의 『멋진 신세계』의 우리말 텍스트는 혜원출판사 본(정승섭 옮김)을 사용했다.

러시아, 신을 가슴에 품고 사는 민족

■ 솔제니친, 『이반 데니소비치의 하루』는 민음사 판(이영의 옮김)을 사용했다. 민음사 판에서는 우리에게 일반적으로 알려진 제목 대신 『이반 데니소비치, 수용소의 하루』로 제목을 바꾸었다.

■ 톨스토이의 「사람은 무엇으로 사는가」는 삼중당 본(박형규 옮김, 『톨스토이 민화집』)에서 발췌한 것이다. 이 판본은 절판되었으며 다른 많은 출판사에서 톨스토이의 민담집을 출판하고 있다.